AF275150

COLEX

GRACIAS POR CONFIAR EN COLEX

Disfrute gratuitamente DURANTE UN AÑO de los eBook, audiolibros y Colex Copilot de las obras de Editorial Colex*

ACTIVA TU CÓDIGO PARA ACCEDER A LOS SERVICIOS

1. Accede a **www.colex.es**.

2. Inicia sesión o regístrate como usuario.

3. Dirígete al menú de usuario y haz clic en «**Mis códigos**».

4. Introduce el siguiente código (**RASCA PARA VER EL CÓDIGO**):

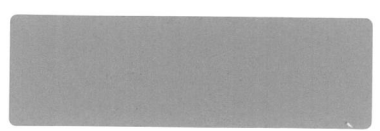

◆ Una vez se valide el código, aparecerá una ventana de confirmación y su eBook / audiolibro / Colex copilot estarán activos **durante 1 año desde su activación** en la pestaña «Mis libros» en el menú de usuario.

* Los audiolibros están disponibles en las ediciones más recientes de nuestras obras. Se excluyen expresamente las colecciones «Códigos comentados», «Biblioteca digital» y los productos de www.vademecumlegal.es. Colex Copilot únicamente está disponible en las ediciones más recientes de las colecciones «Paso a paso» y «Vademecum».

No se admitirá la devolución si el código promocional ha sido manipulado y/o utilizado.

¡Gracias por confiar en nosotros!

La obra que acaba de adquirir incluye de forma gratuita la versión electrónica.

Acceda a nuestra página web para aprovechar todas las funcionalidades de las que dispone en nuestro lector.

Funcionalidades eBook

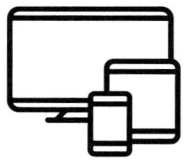

Acceso desde cualquier dispositivo con conexión a internet

Idéntica visualización a la edición de papel

Navegación intuitiva

Tamaño del texto adaptable

Síguenos en:

NUEVA FUNCIONALIDAD CON INTELIGENCIA ARTIFICIAL EN LOS LIBROS DE COLEX

| Una cortesía de Iberley.es |

En Colex damos un paso más en innovación jurídica. Desde ahora, las guías «Paso a paso» y los «Vademecum» incorporan una nueva funcionalidad basada en **inteligencia artificial**, gracias a la tecnología de **Iberley IA**.

El lector podrá interactuar directamente con el contenido del libro de forma inmediata, útil y centrada exclusivamente en su materia.

☑ **¿Qué puede hacer el usuario en el libro?**

- Realizar preguntas sobre el contenido del libro.

- Solicitar explicaciones de artículos, conceptos o normativa.

- Utilizar un ChatBot inteligente, contextualizado y acoplado al contenido legal del libro.

- Resolver dudas puntuales mientras se estudia o trabaja con la obra.

☒ **¿Qué no puede hacer esta versión del ChatBot?**

- ✗ No permite generar escritos jurídicos.

- ✗ No analiza ni responde documentos externos.

- ✗ No responde a consultas de otras materias distintas a la del libro.

Esta herramienta está pensada para enriquecer la experiencia de lectura y consulta del libro. Su uso es exclusivo sobre su contenido.

¿QUIERES IR MÁS ALLÁ? DESCUBRE IBERLEY IA

Si necesitas una **solución avanzada de inteligencia legal**, con cobertura total de materias y documentos, entra en **www.iberley.es** y accede a todas las funcionalidades profesionales:

CUADRO SIMBÓLICO DE FUNCIONALIDADES		
Funcionalidad	**En los libros Colex**	**En Iberley.es**
Preguntar sobre el contenido del libro	✓	✓
Solicitar explicaciones jurídicas	✓	✓
ChatBot integrado al contenido del libro	✓	✓
Consultas sobre otras materias	✗	✓
Análisis de documentos externos	✗	✓
Generación de escritos jurídicos	✗	✓
Traducción jurídica	✗	✓
Informes y resúmenes legales automáticos	✗	✓
Contratos, guías prácticas y emails para clientes	✗	✓
Estrategias judiciales y jurisprudencia instantánea	✗	✓

DELITOS CONTRA LAS RELACIONES FAMILIARES

Análisis de los delitos de impago de pensiones,
abandono de menores y demás delitos
que afectan a los vínculos familiares

DELITOS CONTRA LAS RELACIONES FAMILIARES

Análisis de los delitos de impago de pensiones, abandono de menores y demás delitos que afectan a los vínculos familiares

EDICIÓN 2025

Obra realizada por el Departamento de Documentación de Iberley

COLEX 2025

© Editorial Colex, S.L.
Calle Costa Rica, número 5, 3º B (local comercial)
A Coruña, C.P. 15004
info@colex.es
www.colex.es

I.S.B.N.: 979-13-7011-442-8
Depósito legal: C 1890-2025

SUMARIO

0.
DELITOS CONTRA LAS RELACIONES FAMILIARES

De los delitos contra las relaciones familiares

Los delitos contra las relaciones familiares se encuentran tipificados en el Código Penal (CP) a lo largo de los artículos 217 a 233, pertenecientes al título XII del libro II.

Como se extrae de la sentencia de la Audiencia Provincial de Málaga n.º 530/2013, de 1 de octubre, ECLI:ES:APMA:2013:3589, *«En el CP actual, tras la LO 10/1.995, en el título XII; del libro II, cuya rúbrica ‹ Delitos contra las relaciones familiares ‹ es mas concreta que la tradicional mención a la ‘ Libertad y seguridad’; Capitulo III ‘ De los delitos contra los derechos y deberes familiares ’, Sección 2ª ‘ Del abandono de familia, menores o incapaces’, se recogen las figuras delictivas que nos ocupan, tras introducir un requisito de procedibilidad - denuncia previa, art. 228 -, construye, en primer término, el tipo de abandono de familia sobre los comportamientos alternativos de dejar de cumplir los deberes legales de asistencia inherentes a la patria potestad, tutela, guarda o acogimiento familiar (incluyéndose deberes asistenciales propios de la relación familiar y no solo los de contenido económico, fundamentalmente respecto de menores de edad, para lo cual habrá que acudir al Código Civil) ‘o’ dejar de prestar la asistencia necesaria legalmente establecida para el sustento de descendientes, ascendientes o cónyuges que se hallen necesitados, art. 226 /1º. En segundo lugar, el impago de prestaciones se tipifica en el art. 227, reduciendo el número de prestaciones necesarias - 2 meses consecutivos y 4 no consecutivos - procesos de filiación, hijos extramatrimoniales, procesos de alimentos - así como extendiendo, en su párrafo 2º, la penalidad a cualquier otra prestación establecida de forma conjunta o única en los supuestos previstos en el apartado anterior. Prescribiendo, por último, en su párrafo 3º, que la reparación del daño procedente del delito comportará siempre el pago de las cuantías adeudadas (ampliando el concepto de responsabilidad civil nacida del delito)»*.

Con esta regulación lo que pretendió el legislador fue dar cumplimiento a lo previsto en el artículo 39 de la Constitución española:

«1. Los poderes públicos aseguran la protección social, económica y jurídica de la familia.

2. Los poderes públicos aseguran, asimismo, la protección integral de los hijos, iguales éstos ante la ley con independencia de su filiación, y de las madres, cualquiera que sea su estado civil. La ley posibilitará la investigación de la paternidad.

3. Los padres deben prestar asistencia de todo orden a los hijos habidos dentro o fuera del matrimonio, durante su minoría de edad y en los demás casos en que legalmente proceda.

4. Los niños gozarán de la protección prevista en los acuerdos internacionales que velan por sus derechos».

Dentro de este bloque de delitos contra las relaciones familiares nos encontramos con los siguientes:

- Delitos de matrimonios ilegales: arts. 217 a 219 del CP.
- De la suposición de parto y de la alteración de la paternidad, estado o condición del menor: arts. 220 a 222 del CP.
- De los delitos contra los derechos y deberes familiares:
  » Del quebrantamiento de los deberes de custodia y de la inducción de menores al abandono de domicilio: arts. 223 a 225 del CP.
  » De la sustracción de menores: arts. 225 bis del CP.
  » Del abandono de familia, menores o personas con discapacidad necesitadas de especial protección: arts. 226 a 233 del CP.

1.
DELITO DE MATRIMONIOS ILEGALES

1.1. Concepto y bien jurídico protegido

Introducción general sobre los delitos de matrimonio ilegal

Dentro de los delitos contra las relaciones familiares se encuentran los delitos de matrimonios ilegales, regulados en el capítulo I del título XII del libro II del Código Penal. Concretamente, se establecen tres tipos del delito de **matrimonio ilegal**:

1. Delito de **bigamia**, regulado por el artículo 217 del Código Penal.
2. Delito de **matrimonio inválido**, regulado por el artículo 218 del Código Penal.
3. Delito de **autorización de matrimonio nulo**, regulado por el artículo 219 del Código Penal.

Así pues, los delitos de matrimonio ilegal son aquellas conductas que atentan contra la validez jurídica del matrimonio, por vulneración de los requisitos legales o por fraude. Puede afirmarse que estos preceptos cumplen a su vez una **función preventiva o disuasoria**, ya que buscan evitar fraudes derivados de matrimonios celebrados sin validez (por ejemplo, los relacionados con la obtención de la nacionalidad o para regularizar situaciones migratorias).

Son todos ellos **delitos formales o de mera actividad**, es decir, no requieren la producción de un resultado típico, sino que se consuman con la simple ejecución del verbo tipificado; y es por eso por lo que su relevancia penal no radica en la nulidad del matrimonio, sino en el daño o riesgo que supone hacia el bien jurídico protegido por el ordenamiento penal.

El **bien jurídico protegido** es la institución del matrimonio tal y como la reconoce nuestro ordenamiento jurídico, protegiendo de modo indirecto la seguridad jurídica sobre el estado civil de la persona y sus efectos (por ejemplo, la filiación, la herencia, el régimen económico matrimonial, etc.) y el interés público en la protección del Registro Civil.

Po último, es importante destacar que estas normas requieren una **remisión** a la regulación de la institución del matrimonio, dado que el legislador no define de forma autónoma los conceptos de matrimonio inválido o nulo, sino que se remite a la regulación del Código Civil. Así pues, las conductas tipificadas solo podrán entenderse bajo la infracción de la normativa civil, actuando el Derecho Penal como garante del respeto al orden civil, penalizando las conductas que merecen un reproche más allá de la nulidad del acto.

> **A TENER EN CUENTA**. Nuestro ordenamiento jurídico no solo permite el matrimonio civil, sino también las formas religiosas. Se permite el matrimonio canónico y los matrimonios conforme a otras confesiones religiosas con acuerdo con el Estado (Iglesia Evangélica, Comunidades judías y Comisión islámica). Cada confesión religiosa tiene sus propios requisitos de validez internos que deberán cumplirse para que se pueda, al fin, remitir al registro civil para que obtenga efectos civiles.

Otras confesiones religiosas (por ejemplo, ortodoxas, budistas, testigos de Jehová...) podrán celebrar matrimonio religioso en España, pero este no podrá obtener efectos civiles, debiendo por ende celebrar a mayores la forma civil.

1.2. Tipos de delitos

Tipos de delitos de matrimonio ilegal

|| Delito de bigamia

Este delito viene recogido por el artículo 217 del Código Penal, el cual establece que: «*El que contrajere segundo o ulterior matrimonio, a sabiendas de que subsisten legalmente el anterior, será castigado con la pena de prisión de seis meses a un año*».

El **elemento objetivo** del tipo penal (es decir, la conducta típica) recae en la celebración del segundo o ulterior matrimonio, es decir, el acto formal de casarse, cumpliendo con los requisitos para el rito que se escoja (civil o religioso). Debe existir el impedimento del matrimonio previo no disuelto. Por otro lado, el **elemento subjetivo** del delito (es decir, la voluntad del autor) requiere dolo, conociendo el autor el impedimento y, de todas formas, mantener la voluntad de celebrar el acto matrimonial. No cabrá en este caso la ignorancia excusable. Tampoco cabe la modalidad imprudente del delito, tal y como señala la sentencia del Tribunal Supremo de 12 de mayo de 1993, ECLI:ES:TS:1993:16884, que muestra la exigencia de conciencia de invalidez por la situación matrimonial no disuelta. Sigue el mismo criterio la sentencia de la Audiencia Provincial de Ceuta n.º 57/2025, de 14 de mayo, ECLI:ES:APCE:2025:154, la cual confirma que lo relevante a efectos penales es el hecho de haber contraído matrimonio a sabiendas de la subsistencia del anterior vínculo.

El **sujeto activo** del delito puede ser cualquiera de los dos contrayentes del matrimonio. Si el otro cónyuge conociera el delito que se está cometiendo podrá ser acusado como cooperador necesario. Es este el supuesto de la sentencia de la Audiencia Provincial de Pontevedra n.º 222/2012, de 20 de junio, ECLI:ES:APPO:2012:2147. El **sujeto pasivo** del delito podrá ser el otro cónyuge del matrimonio previo, que desconoce la comisión del hecho delictivo, y nuevo cónyuge con el que se contrae segundo o posterior matrimonio que ignora la situación de bigamia.

Cabe puntualizar que, aunque el artículo 103 de la Ley de Enjuiciamiento Criminal prohíbe la incriminación entre ciertos parientes, el supuesto de bigamia está expresamente contemplado como excepción en el apartado primero de dicho artículo, permitiendo así el ejercicio de la acción penal incluso entre sujetos ligados por vínculo conyugal.

Es interesante también la sentencia de la Audiencia Provincial de Barcelona n.º 577/2024, de 17 de junio, ECLI:ES:APB:2024:10300, en la que se determina que la posterior declaración de nulidad del segundo matrimonio no es excusa absolutoria. Como hemos mencionado anteriormente, el delito de bigamia es un **delito instantáneo** que se consuma con la ejecución del verbo típico y, por tanto, el hecho de declarar la nulidad del matrimonio no es relevante en ningún caso. Tal y como expone la sentencia citada en el siguiente extracto: «*La parte recurrente fundamente en esencia su recurso en la ausencia de lesión al bien jurídico protegido en el delito de bigamia habida cuenta de que el matrimonio contraído entre su representado y Regina fue declarado nulo por sentencia de 12 de noviembre de 2019. El fundamento de su impugnación se encuentra en los efectos de la nulidad, pues, como sostiene el recurrente aquello que es nulo no llegó a existir atendidos el efecto retroactivo de la declaración de nulidad y por tanto se dan los elementos del tipo pues no puede haber delito de bigamia si el segundo matrimonio no existió. Esta Sala no comparte el análisis realizado por la parte recurrente. Los hechos declarados probados en la sentencia impugnada tienen cabida en el delito de bigamia por el que resultó condenado el apelante. Es indiferente que el matrimonio (celebrado entre el acusado y Regina) resultara nulo y así fuere declarado a posteriori puesto que en el momento en que ambos cónyuges contrajeron matrimonio eran perfectamente conocedores de que el acusado estaba casado previamente con Sonia, tal y como consta en los hechos probados. Fue en el momento en que se celebró matrimonio entre el acusado y Regina (el cual tuvo lugar el 17 de mayo de 2017), siendo conocedores de que no podían celebrar tal matrimonio que se consuma el delito de bigamia, siendo indiferente que por sentencia de 12 de noviembre de 2019 del juzgado de primera instancia n°19 de Barcelona tal matrimonio fuera declarado nulo. Una vez el delito se ha consumado se produce la lesión del bien jurídico protegido (el interés público y la seguridad jurídica en territorio nacional) con independencia de que tal vulneración de nuestro ordenamiento jurídico fuera subsanada mediante declaración de nulidad del mismo pues la lesión ya ha resultó consumada*».

‖ Delito de matrimonio inválido

Este tipo penal viene recogido por el artículo 218 del Código Penal, el cual establece:

> «1. El que, para perjudicar al otro contrayente, celebrare matrimonio inválido será castigado con pena de prisión de seis meses a dos años.

2. El responsable quedará exento de pena si el matrimonio fuese posteriormente convalidado».

El **elemento objetivo** de este tipo penal es la celebración de un matrimonio inválido jurídicamente, por las cusas establecidas en el ordenamiento civil o conforme al rito religioso por el que se contraiga matrimonio. Las causas de nulidad vienen recogidas en los artículos 73 a 80 del Código Civil y estas provocarán el efecto *ex tunc*, es decir, el matrimonio se considera inexistente desde su origen, restaurando la situación jurídica previa a su celebración.

El **elemento subjetivo** del delito requiere dolo directo y específico en el autor, la expresa intención de «perjudicar al otro contrayente». Este perjuicio puede manifestarse en el plano patrimonial (por ejemplo, acceso al régimen económico matrimonial de gananciales o a herencia), moral o reputacional (daño al honor o a la dignidad) o incluso social.

Se entenderá por **sujeto activo** a cualquiera de los contrayentes del matrimonio que actúen con el dolo específico mencionado anteriormente. Por otro lado, será considerado el **sujeto pasivo** aquel contrayente que, actuando de buena fe, desconoce la invalidez del matrimonio.

Este delito es de **consumación instantánea**, perfeccionándose con la mera celebración del matrimonio inválido con el dolo requerido, no siendo necesario que el perjuicio pretendido se produzca finalmente. Aun con todo, existe una **excusa absolutoria**, regulada por el apartado 2 del artículo 218 CP: la convalidación posterior del matrimonio. Para poder convalidar el matrimonio debe de subsanarse la causa de nulidad, y quedará por ende el delincuente exento de la pena.

CUESTIÓN

¿Puede apreciarse matrimonio inválido el contraído con una persona diagnosticada de esquizofrenia?

La sentencia de la Audiencia Provincial de Lugo n.º 214/2019, de 21 de noviembre, ECLI:ES:APLU:2019:826, analiza el caso en el que una mujer es acusada por delito de celebración de matrimonio ilegal del artículo 218.1 del Código Penal en perjuicio del hombre con el que contrajo matrimonio eclesiástico. Los hechos probados reflejan que la mujer, ciudadana brasileña en situación de irregularidad en España y ejerciendo la prostitución, contrajo matrimonio con el hombre que padecía de esquizofrenia además de un déficit intelectual, con la finalidad de regularizar su situación. A pesar de la nulidad matrimonial previa por falta de consentimiento valido del hombre, el tribunal considera que no se acredita el ánimo de perjudicar al otro contrayente en el sentido penal exigido para el delito imputado. Se considera que, aunque el hombre entregaba dinero a la mujer, este lo hacía de forma voluntaria y no como resultado de un engaño por parte de la mujer, sino como consecuencia de su relación personal y afectiva. Así pues, la mujer fue absuelta del delito de matrimonio ilegal.

|| Delito de autorización de matrimonio ilegal

Este tipo penal viene recogido por el artículo 219 del Código Penal, el cual establece que la autoridad o funcionario que autorice un matrimonio sabiendo que existe una causa de nulidad (ya sea por conocerla directamente o por ser advertido de ella mediante expediente), será sancionado con la pena prevista de prisión de seis meses a dos años y una inhabilitación especial para empleo o cargo público de dos a seis años. A mayores, cuando se trate de una causa de nulidad que pudiera ser dispensada legalmente, la sanción se atenúa por ser la conducta menos grave, quedando la suspensión de empleo o cargo público reducido a de seis meses a dos años.

El **elemento objetivo** en este tipo es el de autorizar el matrimonio. Este delito es de mera actividad y de peligro abstracto, es decir, no es necesario que el matrimonio sea finalmente anulado, sino que bastará con la simple autorización. El **elemento subjetivo** requiere un dolo directo y específico, por el cual el autor conozca la existencia de una causa de nulidad del matrimonio (civil o religiosa) y que, a pesar de ello, consciente y voluntariamente, autorice el matrimonio. Así pues, no cabe una modalidad imprudente de este delito.

El **sujeto activo** en este caso es especial, ya que debe de ser necesariamente una autoridad o funcionario público competente para autorizar la celebración del matrimonio (alcalde, concejal, LAJ, notario/a, personal funcionario del registro...). Así pues, es este un delito especial propio, ya que solo podrá ser cometido por autoridad civil o religiosa que tenga legalmente competencia para celebrar matrimonios. Por otro lado, el **sujeto pasivo** serán ambos contrayentes siempre que hayan actuado de buena fe y el Estado e interés público, ya que se viola el principio de legalidad y el orden civil.

Se observa una **penalidad graduada** en este tipo, estableciéndose la pena general (prisión de 6 meses a 2 años e inhabilitación de 2 a 6 años) en los casos en los que la causa de nulidad no es dispensable. En cambio, cuando sí sea dispensable, se aplicará la pena atenuada (suspensión de empleo o cargo público de 6 meses a 2 años).

La sentencia del Tribunal Supremo de 12 de mayo de 1993, ECLI:ES:TS:1993:16884, resolvió un caso en el que se simuló una ceremonia de matrimonio por parte de un juez de paz conocedor del impedimento legal (matrimonio anterior no disuelto). El Tribunal acuerda en absolver al juez por entender que no llego a consumirse el tipo legal del artículo 219 del Código Penal, ya que no se autorizó realmente el matrimonio, ni se tramitó expediente ni se inscribió en el registro civil para producir efectos legales. La sentencia subraya la necesidad de que exista una efectiva autorización del matrimonio inválido para la configuración de este delito.

2.
DELITO DE SUPOSICIÓN DE PARTO

Regulación del delito de suposición de parto en el Código Penal

El **libro** II del Código Penal (CP) contiene, en el **capítulo** II de su **título** XII, que lleva por rúbrica *«Delitos contra las relaciones familiares»*, la regulación de los delitos de **suposición de parto** y de alteración de la paternidad, estado o condición del menor (arts. 220 a 222 del CP).

Concretamente, la suposición de parto se tipifica como delito en el art. 220.1 del CP, que lo castiga con **pena de prisión de seis meses a dos años**. Según añade el art. 222 del CP, esta pena será aplicable también al educador, facultativo —médico, matrona, personal de enfermería y cualquier otra persona que realice una actividad sanitaria o socio-sanitaria—, autoridad o funcionario público que, en el ejercicio de su profesión o cargo, realice la conducta típica, imponiéndosele, además, la pena de inhabilitación especial para empleo o cargo público, profesión u oficio, de dos a seis años.

La suposición de parto es susceptible de utilizarse para atribuir una filiación falsa, generando graves consecuencias tanto para el supuesto hijo como para la sociedad en su conjunto, al manipular la verdad biológica y jurídica.

2.1. Elementos del delito

Elementos del delito de suposición de parto

Con el objetivo de determinar la responsabilidad penal de las personas, la teoría del delito elabora un concepto básico de delito, que el Diccionario panhispánico del Español Jurídico define como: *«Acción o **conducta típica**, **antijurídica** y **culpable** que, por ello, es normalmente punible».* Por tanto, los **elementos esenciales** de todo ilícito penal son:

- Conducta típica, ya sea activa u omisiva.
- Antijuridicidad.
- Culpabilidad.

A TENER EN CUENTA. Mientras una parte de la doctrina acepta la punibilidad o penalidad como elemento del delito —con autores defensores de su carácter esencial y autores contrarios a este—, otro sector doctrinal interpreta la punibilidad como una consecuencia no esencial de los tres elementos básicos anteriores.

Con base en las premisas de la teoría del delito, la **STS n.º 717/1980, de 6 de junio, ECLI:ES:TS:1980:4152**, concreta qué **conducta** es la **tipificada** como delito de suposición de parto, así como los aspectos que determinan su **antijuridicidad** y **culpabilidad**:

> «**Primero**, En cuanto a la dinámica de la **acción**, el fingimiento o simulación del alumbramiento de un ser nacido, efectuado por actos reales o una conducta que lleve consigo la realización de hecho que aparenten la existencia del parto, en cuanto que éste, como fenómeno biológico, está caracterizado por ciertos elementos externos y la tipología delictiva se describe con la suposición del hecho mismo del parto, con lo que no deben ser considerados dentro de la misma, las meras manifestaciones o fingimientos ideales del alumbramiento, que cuando atentan contra el estado civil de las personas son susceptibles de tener encaje en otras figuras penales. **Segundo**. En cuanto a la **culpabilidad** o elemento psíquico delictivo que el agente de la acción no solamente tengan conciencia y voluntad de la misma, sino que vaya acompañada del ánimo tendencial de modificar el estado civil del nacido.
>
> Y **tercero**. Que el juicio valorativo sobre la **antijuricidad**, se determine, no solamente con él general del grupo, de acuerdo con la norma social de la convivencia humana, sino también con el relativo a la filiación y elementos específicos que caracterizan la existencia del parto en sí».

De la citada sentencia se infiere que:

1. **La acción o conducta** consiste en el fingimiento del alumbramiento de un ser nacido, a través de **actos reales** o de una conducta orientada a **aparentar la existencia del parto** como como fenómeno biológico, caracterizado por ciertos **elementos externos**.

2. **La tipicidad** radica en la suposición del hecho mismo del parto, con lo que no deben ser considerados dentro de la misma simulaciones susceptibles de tener encaje en otras figuras penales, como la ficción de un embarazo encaminada a la comisión de una estafa.

3. **La culpabilidad** en este tipo delictivo exige que la acción sea **dolosa**, es decir, que obedezca a la intención de alterar el estado civil del nacido.

|| **Acción comisiva**

Consiste en **fingir dar a luz a una persona** a través de actos reales o de una conducta orientada a aparentar la existencia del parto como fenómeno biológico, caracterizado por ciertos elementos externos. Es, por tanto, una **conducta activa** de simulación por parte de la persona autora. El delito se consuma cuando se presenta al menor como propio.

|| La tipicidad de la conducta

La conducta consistente en la suposición de parto viene **tipificada como delito en el art. 220 del CP**, que dispone que *«1. La suposición de un parto será castigada con las penas de prisión de seis meses a dos años».* Nos centraremos en este punto en la **tipicidad** de la suposición de parto, mediante el análisis de sus elementos **objetivo** y **subjetivo**.

|| Tipo objetivo

El elemento objetivo de todo tipo delictivo está formado por la acción o conducta típica, los sujetos —activo y pasivo— y el objeto material. Seguidamente, se analizan los componentes del tipo objetivo de la suposición de parto.

a) Conducta típica

El apartado 1 del artículo 220 del CP tipifica como delito la **suposición de parto**, definida por el DEJ como la *«Conducta delictiva que lleva a cabo quien se atribuye un parto, entendido no como el previo embarazo sino como la consecuencia del mismo, atribuyéndose la descendencia del parto que se afirma falsamente como propio».*

De lo anterior se concluye que **el tipo penal del art. 220.1 del CP castiga la acción consistente en simular o fingir un parto inexistente**, pudiendo afirmarse que:

- Es un **delito de mera actividad** —y no de resultado—, pues para incurrir en la conducta típica no es necesaria la producción de un resultado lesivo concreto.
- La conducta típica consiste únicamente en simular haber dado a luz, **excluyéndose del tipo la acción de fingir el embarazo**, conducta que podría encajar en otras figuras delictivas, como la estafa, si se obtuviera un beneficio patrimonial—.

Como ya se avanzó en el apartado anterior, se trata de una **acción comisiva** que puede manifestarse de diferentes formas:

- Fingiendo un parto que nunca ha existido.
- Presentando falsamente a un niño como fruto del alumbramiento de una mujer que no es la verdadera madre, lo que conlleva adscribir a un niño a una familia a la que no pertenece legalmente.

Esta modalidad admite la existencia de embarazo y parto, si el feto hubiera nacido muerto, y se hubiera sustituido por otro niño vivo para presentarlo como propio. Este supuesto guarda similitud con la figura regulada en el apartado 3 del artículo 220 del CP, pero se diferencia de esta en que, para que se produzca el delito del apartado 3, será necesario que los dos niños implicados —sustituto y sustituido— se encuentren vivos.

La cuestión de **cuándo debe entenderse simulado el parto** no ha estado exenta de debate, existiendo **interpretaciones más o menos restrictivas** dentro de nuestra jurisprudencia.

Bajo un **criterio interpretativo amplio**, la **SAP de A Coruña, n.º 24/2002, de 16 de octubre, ECLI:ES:APC:2002:2571**, declaró que la comisión del delito de simulación de parto no requiere «*(...) el fingimiento del parto como hecho fisiológico caracterizado por determinados elementos externos*», sino que, para la **consumación** del delito es **suficiente atribuirse el hecho de haber dado a luz**. En palabras de la Audiencia, basta con «*(...) la atribución que la acusada se hace a sí misma del alumbramiento en la declaración presentada en el Registro Civil, al ser* **idónea** *para producir la lesión perseguida*», con independencia de que «*(...) no haya llegado a extenderse la inscripción de su supuesta maternidad*», pues, como recuerda la sentencia, el núcleo del injusto radica en el ataque a los derechos del recién nacido.

Sin embargo, en la **STS n.º 286/2020, de 4 de junio, ECLI:ES:TS:2020:2503**, el Alto Tribunal asume un **criterio restrictivo** a la hora de apreciar la falsa atribución del parto. Según este, no bastaría con «*(...) la mera conducta falsaria*», sino que cabría exigir, además, «*(...) una simulación mediante* **actos u otras acciones que rodeen a la mera falsedad**. *Es decir, que la hija, (...), fuese presentada en el entorno de los falsos padres, como fruto del alumbramiento de la madre*». En el caso de autos, señala la sentencia que «*(...) en el contexto social, profesional, escolar, y ante la propia hija cuando alcanzó la mayoría de edad se simuló una adopción (no un parto)*», lo que excluye la tipicidad del delito de simulación de parto en ese contexto.

Por su parte, la **STS n.º 492/2007, de 7 de junio, ECLI:ES:TS:2007:4526**, considera probada la comisión de un delito de suposición de parto en tanto que se pudo acreditar que la acusada «*(...) había manifestado estar embarazada y que cuando apareció con el niño* **afirmaba públicamente que era hijo suyo**», al tiempo que «*Ello es coincidente con la conducta de la recurrente, orientada a mantener al menor en su compañía como si fuera hijo propio*».

Según la corriente más extendida, la conducta típica implica la **simulación del fenómeno biológico del nacimiento acompañada de actos que aparenten la existencia del parto**, sin que sea necesario inscribir la falsa maternidad en el registro civil para que el delito se considere consumado.

b) Sujetos activo y pasivo

» **Activo**: aunque generalmente la simulación se asocia a **la mujer** que finge el parto, la redacción del art. 220 del CP no especifica qué personas pueden ser responsables de este delito. Habrá que estar a lo dispuesto en el art. 222 del CP —que agrava la pena para **educadores, facultativos, autoridades o funcionarios públicos** que participen en estas conductas— para entender que también podrán ser responsables otros sujetos, como una **comadrona** o **terceras personas** que colaboren en la simulación.

» **Pasivo**: además del propio **menor** cuya filiación se altera, la **madre biológica** también puede ser sujeto pasivo del delito en aquellos casos en los que se le sustraiga el hijo y se le informe de su falso fallecimiento.

El apartado 4 del artículo 220 dicta que los ascendientes, ya sean por naturaleza o por adopción, que cometieran este delito, podrán ser castigados además con la **pena de inhabilitación especial para el ejercicio del derecho de patria potestad** que tuvieran sobre el hijo o descendiente supuesto, ocultado, entregado o sustituido, y, en su caso, sobre el resto de hijos o descendientes por un tiempo de cuatro a diez años.

c) Objeto material

En la suposición de parto, encarna el objeto material del tipo el **nacido vivo que se presenta como fruto de un alumbramiento que no ha tenido lugar**.

‖ Tipo subjetivo

El elemento subjetivo del tipo tiene que ver con la **intencionalidad** de la persona que lleva a cabo la acción delictiva, en este caso la suposición del parto. Esta conducta típica en particular solo se castigará cuando sea **dolosa**, pues **se precisa que el sujeto activo tenga conciencia y voluntad de simular el parto para alterar el estado civil del nacido**. La conducta típica no se castiga si es realizada por imprudencia o culpa, ya que el tipo subjetivo exige intencionalidad dolosa

En consecuencia, los posibles errores de filiación derivados de negligencias en maternidades u hospitales quedan fuera del tipo delictivo de suposición de parto regulado en el artículo 220.1 del Código Penal español. Esto se debe a que dicho delito exige como elemento subjetivo la intencionalidad dolosa de alterar el estado civil del nacido mediante la simulación de un parto inexistente. Por tanto, las conductas negligentes o imprudentes, como los errores en la filiación por parte de hospitales o maternidades, no cumplen con el requisito de dolo necesario para la configuración del delito.

‖ Antijuridicidad

El acto de suposición de parto es antijurídico, toda vez que **atenta contra** un **bien jurídico** compuesto de dos aspectos concretos:

- **La filiación del menor**, entendida como relación de parentesco.
- **El interés público** en las normas relativas a la filiación y el estado familiar derivado del nacimiento.

La inclusión de este delito en el Código Penal viene avalada por la necesidad de tutela del orden público y de la seguridad jurídica en las relaciones familiares, especialmente en lo relativo a la filiación y sus efectos legales. La norma cumple una función preventiva y sancionadora frente a la alteración fraudulenta de la filiación mediante la suposición de parto. Es por ello que:

- La manipulación intencionada de la filiación requiere una sanción penal efectiva.
- La agravación de la pena cuando el autor es ascendiente (apartado 4 del art. 220 del CP) se basa en el especial menoscabo de la relación de confianza y del deber de protección hacia el menor.
- Los profesionales implicados en los hechos también son responsables *ex* art. 222 del CP.

|| **Culpabilidad**

Como se avanzó al tratar el elemento subjetivo del tipo penal, para ser considerada delictiva, la conducta de suposición de parto debe ser realizada con **dolo**, es decir:

- Con **conocimiento** de la acción y sus consecuencias delictivas (elemento intelectivo o cognitivo).
- Con **voluntad** consciente de simular el parto y lograr su resultado prohibido, es decir, la alteración de la filiación (elemento volitivo).

2.2. Relación con el delito de falsedad documental

Relación del delito de suposición de parto con el delito de falsedad documental

Comoquiera que las simulaciones de partos suelen ir seguidas de inscripciones fraudulentas en el registro civil, los delitos de suposición de parto y falsedad documental aparecen estrechamente relacionados en la práctica de nuestros tribunales. No obstante, los criterios bajo los cuales la jurisprudencia ha venido interpretando dicha relación no han sido siempre unánimes.

Así lo explica la **STS n.º 286/2020, de 4 de junio, ECLI:ES:TS:2020:2503**, cuando advierte de que *«Alguna sentencia de esta Sala y sectores doctrinales solventes parecen dudar de la incardinabilidad de ese tipo de situaciones en la suposición de parto limitando la sanción a la falsedad. Tampoco faltan posturas doctrinales que propugnan como solución penal la* **subsunción de la suposición de parto en la falsedad**; *otros también una* **absorción pero en el sentido justamente inverso**. *Y, por fin, en tesis también extendida la formación de un* **concurso medial** *como ha construido la sentencia del Tribunal a quo»*.

Para analizar la relación entre ambos delitos cabe distinguir **dos escenarios**:

- Sin intervención de facultativo. En este caso, la inscripción en el registro civil puede realizarse mediante declaraciones falsas de las personas obligadas a promoverla (padre, madre, pariente más próximo, etc.). Esta conducta no está penalmente castigada en los artículos 390 y 392 del CP cuando la realiza un particular, pero si se presenta un certificado médico falso, se configura el **delito de falsificación de certificado médico por particular**, previsto en el artículo 399.1 del CP. Existe debate doctrinal sobre si se cometen ambos delitos (suposición de parto y falsedad documental) o si uno absorbe al otro, dependiendo de la relevancia jurídica de la falsedad.
- Con intervención de facultativo. Aquí se contemplan **tres supuestos**:
  - » Si el facultativo emite un **certificado verdadero que luego es alterado por el particular**, este último incurrirá en falsedad documental

(artículos 390 y 392 del Código Penal) y, según la doctrina, podría también cometer suposición de parto.

» **Si el facultativo actúa bajo error invencible**, creyendo que los datos consignados son ciertos, no será penalmente responsable (artículo 14 del Código Penal). El particular que induzca al error responderá por suposición de parto.

» **Si el facultativo certifica dolosamente datos falsos**, incurrirá en falsedad de certificados (artículo 397 del Código Penal) y será cooperador necesario en el delito de suposición de parto. El particular será responsable por inducción a la falsedad y por suposición de parto.

En conclusión, la interacción entre los delitos de suposición de parto y falsedad documental depende de las circunstancias específicas del caso y de la interpretación doctrinal, primando en todo caso la protección de los bienes jurídicos de la filiación y la seguridad del tráfico jurídico.

3.
DELITO DE OCULTACIÓN O ENTREGA DE MENORES Y SUSTITUCIÓN DE UN NIÑO POR OTRO

Protección penal de la filiación

Dentro de los delitos contra las relaciones familiares recogidos por el título XII del libro II del Código Penal, nos encontramos con los delitos de ocultación o entrega de menores (apartado 2 del artículo 220 del Código Penal) y de sustitución de un niño por otro (apartado 3 del artículo 220 del Código Penal). Estos delitos afectan a la filiación de los menores y son de especial gravedad por atentar contra la verdad biológica y jurídica del sujeto pasivo. A mayores, inciden sobre la seguridad del estado civil y el interés público general de protección de la familia.

El **bien jurídico protegido** en estos delitos es la veracidad y legalidad de la filiación (entendida como el vínculo jurídico entre padres e hijos) y, secundariamente, el interés superior del menor (reconocido tanto por la legislación interna de nuestro país como por los tratados internacionales ratificados por España), la integridad moral y la identidad personal.

Ambos delitos se consuman con la simple ejecución del verbo típico, sin necesidad de provocar ningún resultado o daño adicional.

Delito de ocultación o entrega de menores

Este delito viene recogido en el apartado 2 del artículo 220 del Código Penal, el cual establece: «*La misma pena* [prisión de seis meses a dos años] *se impondrá a quien ocultare o entregare a terceros una persona menor de dieciocho años para alterar o modificar su filiación*». A mayores, añade el apartado 4 del mismo artículo que los ascendientes (por naturaleza o adopción) que cometieran este delito «*(...) podrán ser castigados además con la pena de inhabilitación especial para el ejercicio del derecho de la patria potestad que tuvieren sobre el hijo o descendiente (...) ocultado, entregado (...) y, en su caso, sobre el resto de hijos o descendientes por tiempo de cuatro a diez años*».

|| Elementos del delito

El **elemento objetivo** del delito consiste en los verbos nucleares de «ocultar» y/o «entregar» a un menor de edad.

El **elemento subjetivo** del tipo penal requiere dolo, en tanto en cuanto se precisa de la finalidad de alterar o modificar la filiación legal. Así pues, no cabe la modalidad imprudente.

La **consumación** del delito no requiere que efectivamente se altere la filiación, sino que bastará con la mera ocultación o entrega con dicho fin. Así pues, cabe la ejecución en grado de tentativa.

Serán **sujeto activo** cualquier persona en disposición de ejecutar el delito (progenitores, ascendientes, médicos, personal sanitario u otros). Es decir, este es un delito común, ya que puede ejecutar la conducta cualquier persona. La literalidad del tipo penal no exige ninguna condición o característica específica en el sujeto activo.

Por otro lado, serán **sujetos pasivos** el menor cuya filiación se pretende alterar y sus progenitores biológicos (en caso de no ser ellos quienes cometan el delito).

En la sentencia del Tribunal Supremo, rec. 2835/1990, de 24 de junio, ECLI:ES:TS:1992:21005, se analiza un caso en el que la progenitora de un menor acuerda con dos hermanas que, una vez nacido el niño, no se haría constar su identidad en el parte de alumbramiento, con el fin de facilitar a una de las hermanas su adopción. Así pues, se inscribió al niño como de filiación desconocida, ocultándole la verdad incluso al padre biológico. El Tribunal Supremo ratifica la condena por un delito de usurpación del estado civil, señalando que las acciones de las condenadas (elemento objetivo) evidentemente perseguían desvincular al niño de su familia natural, ocultando su filiación y haciéndole perder su estado civil (elemento subjetivo), dado el conocimiento de las recurrentes sobre los trámites legales pertinentes. Tal y como dicta la sentencia:

> «Según la doctrina, la ocultación y la exposición son conductas que, en esencia, constituyen el medio utilizado para desvincular al hijo de su propia familia natural -de sus padres, en concreto-, haciéndole desaparecer del entorno social en que dicha relación familiar debiera mostrarse, o abandonándole. En todo caso, estas conductas persiguen un objetivo: hacer perder al niño su estado civil. Este propósito específico constituye el elemento subjetivo del injusto de este delito, que, consiguientemente, excluye la posibilidad de su comisión culposa».

Otro ejemplo de sentencia condenatoria por el delito del artículo 220.2 del CP es la de la Audiencia Provincial de Ourense n.º 11/2020, de 11 de mayo, ECLI:ES:APOU:2000:537, en la que se condena a cinco personas como responsables del delito de ocultación de un menor con el ánimo de hacerle perder su estado civil. En este caso los progenitores biológicos de la niña, de mutuo acuerdo, deciden entregar a la recién nacida a un matrimonio a través de la intermediación de otra mujer, a cambio de una contraprestación. Así pues, la menor fue inscrita como hija del matrimonio, alterando su estado civil, y siendo trasladada posteriormente al extranjero.

Por último, cabe destacar que este delito puede tener relación con el delito de tráfico de menores y/o adopción ilegal, suposición de partc, alteración del estado civil...

Delito de sustitución de un niño por otro

Este tipo delictivo viene recogido por el apartado 3 del artículo 220 del Código Penal, el cual establece: «*La sustitución de un niño por otro será castigada con las penas de prisión de uno a cinco años*». Además, añade al apartado 5 del mencionado artículo que: «*Las sustituciones de un niño por otro que se produjeren en centros sanitarios o sociosanitarios por imprudencia grave de los responsables de su identificación y custodia, serán castigadas con la pena de prisión de seis meses a un año*».

|| Elementos del delito

El **elemento objetivo** del delito consiste en sustituir a un niño por otro (ya sea un intercambio real o simulado). Esta conducta puede realizarse en hospitales, clínicas o en el propio hogar del menor.

El **elemento subjetivo** del delito requiere dolo directo, es decir, el pleno conocimiento del acto y la voluntad inequívoca de llevarlo a cabo.

Así pues, la **consumación** de este delito se produce en el momento de la sustitución efectiva, sin requerirse que finalmente se llegue a alterar la filiación. Es por esto por lo que en este tipo delictivo cabe la comisión en grado de tentativa.

Será **sujeto activo** del delito cualquier persona que ejecute el verbo típico de la acción delictiva (delito común). Serán **sujetos pasivos** los menores implicados y sus progenitores (siempre que no hayan participado en los hechos).

Aun con todo, el apartado 5 del artículo 220 CP establece un **tipo imprudente** del delito en el que los sujetos activos únicamente podrán ser quienes sean responsables de la identificación y custodia de recién nacidos (por ejemplo, personal médico, enfermeros/as, auxiliares, educadores, facultativos...). En este caso, debe de apreciarse en el elemento subjetivo una imprudencia grave del autor. Es por este motivo por el que se recude o atenúa la pena, porque no existe una voluntad de alterar la identidad del niño/a, sino una mera conducta negligente con consecuencias extremadamente graves. Pueden ser casos de este tipo, por ejemplo, los errores en la colocación de las pulseras de identificación en recién nacidos.

En el **auto de la Audiencia Provincial de Huelva, rec 290/2012, de 19 de noviembre, ECLI:ES:APH:2012:450A,** se reflexiona sobre la posibilidad de la aplicación del artículo 220.3 del Código Penal, relativo a la sustitución de un niño por otro, en un caso en el que se sospecha que un menor, supuestamente fallecido al nacer en el año 1968, fue en realidad entregado a terceras personas, sin conocimiento ni consentimiento de sus padres biológicos.

Ocurridos los hechos en 1968 estaría vigente el Código Penal, texto revisado de 1963, cuyo artículo 480 definía así el delito de detención ilegal: «*El particular que encerrare o detuviere a otro, privándole de su libertad, será castigado con pena de prisión mayor»*, de forma idéntica que el art. 163.1 del vigente Código. En cuanto a las penas, ambos Códigos la reducen si el culpable diere libertad al encerrado o detenido dentro de los tres primeros días de su detención, sin haber logrado el objeto propuesto y en cambio la agravan si el encierro o detención hubieren durado más de quince días o si no diere razón del paradero de la persona detenida salvo que la haya dejado en libertad.

La Audiencia entiende que una más correcta calificación del hecho según el Código Penal de 1963 sería la sustitución de un niño por otro (art. 468 del Código Penal de 1963 y 220 del Código Penal de 1995). Según la AP de Huelva éste podría ser el delito cometido, y su plazo de prescripción computa desde que se realiza la acción que consuma el resultado, con la entrega material del nacido y la ruptura de la relación filial auténtica. Se trata de un delito, no permanente, como ya hemos apuntado, sino de los de ejecución instantánea que causan estado, completamente diversos en su esencia y efectos de la detención ilegal. Como es patente, está en manos del autor poner fin o hacer cesar el daño al bien jurídico atacado de un modo inmediato, al conservar el dominio del hecho; mientras que, en aquél, el reponer la situación creada a su estado regular puede depender incluso (según el tiempo pasado y su situación) de la voluntad de la persona extraída de su familia e integrada en otra.

4.
DELITO DE TRÁFICO ILEGAL O COMPRAVENTA DE NIÑOS

Regulación del delito de tráfico ilegal o compraventa de menores en el Código Penal

El libro II del Código Penal (CP) contiene, en el capítulo II de su título XII, que lleva por rúbrica «Delitos contra las relaciones familiares», la regulación de los delitos de suposición de parto y de **alteración de la paternidad, estado o condición del menor** (arts. 220 a 222 del CP).

Concretamente, el **tráfico ilegal o compraventa de menores** se tipifica como delito en el art. 221 del CP, precepto que protege el interés superior de los menores contra prácticas ilegales de entrega y recepción. Los arts. 221 y 222 del CP establecen un marco claro para sancionar este tipo de conductas, incluyendo penas de **prisión**, **inhabilitación** y **medidas adicionales** como la clausura de establecimientos implicados.

Artículo 221 del CP

«1. Los que, mediando compensación económica, entreguen a otra persona un hijo, descendiente o cualquier menor aunque no concurra relación de filiación o parentesco, eludiendo los procedimientos legales de la guarda, acogimiento o adopción, con la finalidad de establecer una relación análoga a la de filiación, serán castigados con las penas de prisión de uno a cinco años y de inhabilitación especial para el ejercicio del derecho de la patria potestad, tutela, curatela o guarda por tiempo de cuatro a 10 años.

2. Con la misma pena serán castigados la persona que lo reciba y el intermediario, aunque la entrega del menor se hubiese efectuado en país extranjero.

3. Si los hechos se cometieren utilizando guarderías, colegios u otros locales o establecimientos donde se recojan niños, se impondrá a los culpables la pena de inhabilitación especial para el ejercicio de las referidas actividades por tiempo de dos a seis años y se podrá acordar la clausura temporal o definitiva de los establecimientos. En la clausura temporal, el plazo no podrá exceder de cinco años».

Artículo 222 del CP

> «El educador, facultativo, autoridad o funcionario público que, en el ejercicio de su profesión o cargo, realice las conductas descritas en los dos artículos anteriores, incurrirá en la pena en ellos señalada y, además, en la de inhabilitación especial para empleo o cargo público, profesión u oficio, de dos a seis años.
>
> A los efectos de este artículo, el término facultativo comprende los médicos, matronas, personal de enfermería y cualquier otra persona que realice una actividad sanitaria o socio-sanitaria».

De acuerdo con lo anterior, se analizan a continuación los **aspectos clave del delito de tráfico ilegal o compraventa de niños.**

|| Conductas castigadas y marco penológico

Las **conductas** que abarca el delito de tráfico y compraventa de niños son las siguientes:

- **Entrega** de un menor a cambio de compensación económica, eludiendo los procedimientos legales de guarda, acogimiento o adopción, para crear una relación similar a la filiación.
- **Recepción** del menor en tales condiciones.
- **Intermediación** en la entrega, aunque se realice en el extranjero.

> **A TENER EN CUENTA**. La SAN n.º 60/2008, de 23 de octubre, ECLI:ES:AN:2008:5819, se pronuncia sobre la aplicación transnacional del artículo 221 del CP. El tribunal recuerda que el tipo penal expresamente prevé su aplicación aun cuando la entrega del menor se haya realizado en el extranjero, en base al principio de ubicuidad y conforme el a su apartado 2 que declara punibles estos hechos aunque parte de la acción se cometa fuera de España si el resultado se materializa en territorio español (ej. inscripción fraudulenta en registro civil español).

Las citadas conductas serán castigadas conforme al **marco penológico** establecido en los arts. 221 y 222 del CP, con carácter general y específico:

|| General

- **Prisión**: 1 a 5 años.
- **Inhabilitación especial** para **patria potestad, tutela, curatela o guarda**: 4 a 10 años.

|| Específico

A) Conducta típica perpetrada en **guarderías, colegios u otros establecimientos de recogida de menores** (art. 221.3 del CP):

- **Inhabilitación especial** para el **ejercicio de actividades en estos centros**: 2 a 6 años.

- Clausura de establecimientos:
  » Temporal: máximo 5 años.
  » Definitiva.

B) Conducta típica perpetrada por **educador, facultativo, autoridad o funcionario público** (art. 222 del CP):

- A la pena general **se añade la de inhabilitación especial para empleo o cargo público, profesión u ofici**o, de 2 a 6 años.

A TENER EN CUENTA. Por «facultativo» cabrá entender médico, matrona, personal de enfermería y cualquier otra persona que realice una actividad sanitaria o socio-sanitaria.

Elementos esenciales del delito de tráfico y compraventa de niños

El Diccionario panhispánico del Español Jurídico (DEJ) define el delito como una *«Acción o conducta típica, antijurídica y culpable que, por ello, es normalmente punible»*. Por tanto, son elementos esenciales de todo ilícito:

- La conducta típica (activa u omisiva).
- La antijuridicidad de la conducta.
- La culpabilidad o intencionalidad del autor.

A TENER EN CUENTA. Si bien parte de la doctrina entiende la punibilidad o penalidad como elemento del delito —con autores que defienden su carácter esencial y autores que lo niegan—, otro sector doctrinal interpreta la punibilidad como consecuencia no esencial de los tres elementos básicos anteriores.

|| Acción comisiva

El tenor literal del artículo 221 castiga **conductas activas** consistentes en «entregar», «recibir» o «intermediar» en la entrega de un menor a cambio de compensación económica, eludiendo los procedimientos legales de guarda, acogimiento o adopción.

|| Tipicidad

En este punto, analizamos los elementos del tipo penal recogido en el art. 221 del CP. En primer lugar, cabe distinguir el tipo objetivo del subjetivo:

|| Tipo objetivo

Integran el tipo objetivo del delito de tráfico y compraventa de niños, la conducta típica, los sujetos activo y pasivo, y el objeto material, en los términos siguientes.

a) Conducta típica

Como se ha explicado, la conducta típica incluye la **entrega** del menor y la **compensación** económica, así como su **recepción** y la **intermediación** en la transacción, de modo que, si falta alguno de estos elementos, no estaremos ante el delito del art. 221 del CP.

Así lo confirma la **SAP de Madrid n.º 640/2018, de 27 de septiembre, ECLI:ES:APM:2018:12341**, que descarta la acusación por el delito del art. 221 del CP por la falta de transacción económica en la entrega, elemento objetivo del tipo:

> «(...) la Acusación particular hace referencia al delito de adopción ilegal, previsto y penado en el artículo 221 C.P ., si bien (...) no puede considerarse válidamente formulada acusación por dicho tipo delictivo, que **no sería de aplicación** al no estar vigente en la fecha de la ocurrencia de los hechos, y al no concurrir os requisitos señalados en el tipo, **ya que no consta la existencia de prestación económica alguna** en la acción realizada».

|| Compensación económica en sentido amplio

Por compensación económica, los tribunales entienden no solo pagos monetarios, sino también en especie. Así se desprende de la **SJP de Elche n.º 564/2015, de 22 de diciembre, ECLI:ES:JP:2015:89**, que considera probada la comisión del delito al constatarse, ya no sólo transacciones económicas, sino también **pagos en especie en concepto de compensación**:

> «En definitiva, tanto la prueba directa como la indirecta o de indicios interpretada con arreglo a los criterios de la sana crítica permite concluir que embarazada Palmira de Jose Luis **concertó su venta por 500 €, ropa, alimentos y cuidados** a Cipriano y Consuelo ; por lo que procede condenar a los tres por el delito de alteración de la paternidad por el que vienen siendo acusados».

En la **SAN n.º 60/2008, de 23 de octubre, ECLI:ES:AN:2008:5819**, la Audiencia Nacional considera acreditada la existencia de compensaciones económicas (entregas directas de dinero, mejora de vivienda, compensaciones a intermediarios, etc.), y enfatiza que este elemento puede concurrir aunque sea tangencial o indirecto, siendo suficiente con que exista causa determinante en cualquiera de los intervinientes (madre biológica, intermediario, o receptor).

La interpretación de «compensación» **en sentido amplio** es avalada por la Audiencia Nacional en la **SAN n.º 17/2008, de 20 de febrero de 2009, ECLI:ES:AN:2008:5704**, donde el acusado fundamenta la existencia de un error en la aplicación del artículo 221 del CP, basándose en que la entrega del menor no se efectuó a cambio de dinero, ya que éste habría forzado el consentimiento de la madre biológica, que no se hubiera producido sin este elemento. La tesis es desestimada por la Audiencia, entendiendo que *«(...) carece de fundamento, en primer lugar, porque **el concepto de compensación económica que la norma contiene no es tan absoluto y restringido** como pretende la parte. Por un lado, el artº 9 de la Declaración de los Derechos del Niño de la O.N.U. de 20.11.59 , **proscribe cualquier tipo de trato en los que el objeto sea un menor,** tesis en la que abunda el Protocolo de la Convención sobre los Derechos del Niño de 25.5.00.*

*Así lo han venido interpretando las Audiencias Provinciales, competentes por la materia estableciendo la tesis, que destaca por todas la A.P. de Vizcaya sentencia num. 16/05 de 13.1.05 , en la que estima que **por tal puede considerarse la cancelación de deudas, e incluso la entrega de un bien** que pueda ser valorado en cuantía susceptible de superar el mero presente o regalo.*

Se establece por tanto una interpretación pro menor más amplia que la que se pretende por la parte apelante».

b) Sujetos activo y pasivo

» **Activo: cualquier persona** que, mediando contraprestación, realice la conducta de entregar o recepcionar al menor o intermediar en la entrega de este, con el fin de modificar o alterar su filiación.

La **SAN n.º 60/2008, de 23 de octubre, ECLI:ES:AN:2008:5819**, reconoce la responsabilidad de todos los participantes en la compraventa del menor, que *«(...) es aplicable a **cualquiera de los que el Código**, aunque en apartados distintos, **define como autores (entregante, intermediario, recipiendario del niño)»**.* El fallo fundamenta que el artículo 221 CP no solo sanciona al receptor del menor, sino también al intermediario y al que entrega, poniendo el acento en la finalidad de evitar el tráfico de menores y perseguir cualquier modalidad de compraventa o alteración mercantil de la filiación.

» **Pasivo:** el menor entregado, cuya filiación se ve afectada.

c) Objeto material

En este caso **es el menor** cuya filiación se pretende alterar a través de su entrega ilícita a un tercero.

|| Tipo subjetivo

Este viene determinado por la **intención** de los autores del delito **de eludir los procedimientos legales y establecer una relación análoga a la de filiación**, por tanto, exige una intencionalidad **dolosa**.

|| Antijuridicidad

La antijuricidad del delito radica en el **desvalor de las disposiciones legales que regulan la protección de los menores y los procedimientos de adopción, guarda o acogimiento**. Los bienes jurídicos protegidos contra los que este delito atenta son:

• El estado civil de los menores y su filiación.

• La dignidad y el interés superior del menor, en virtud de los cuales ha de evitarse que sean tratados como mercancías.

En palabras de la Audiencia Nacional en la ya citada **SAN n.º 60/2008, de 23 de octubre, ECLI:ES:AN:2008:5819**, *«(...) se sanciona el tráfico de menores en cuanto con estas conductas se convierte al menor en mera mercadería»*.

La normativa internacional, como la Declaración de los Derechos del Niño, también proscribe cualquier trato en el que el objeto sea un menor, reforzando la antijuricidad de estas conductas.

‖ Culpabilidad

La culpabilidad en este delito se basa en la existencia de **dolo**, es decir, la conciencia y voluntad de realizar la conducta típica descrita en el artículo 221 del CP. No se admite la comisión culposa, ya que **requiere una intención específica de eludir los procedimientos legales y establecer una relación análoga a la de filiación**. Como se ha explicado, el elemento subjetivo del tipo incluye la **compensación económica, que, precisamente pone en evidencia la motivación y la intención dolosa del responsable penal**

Aspectos controvertidos en la práctica jurídica

El artículo 221 del CP responde a la necesidad de erradicar la mercantilización y el tráfico ilegal de menores bajo pretexto de la filiación. En la práctica jurídica, los aspectos más controvertidos de este tipo penal son los siguientes:

- **Posible dificultad probatoria**: la exigencia de demostrar la compensación económica y la finalidad específica puede complicar la persecución penal de determinados supuestos de hecho, especialmente cuando las transacciones se encubren jurídicamente o se realizan en el extranjero.

- **Ámbito subjetivo amplio**: la equiparación de las penas para entregadores, receptores e intermediarios, independientemente de su grado de participación, es en ocasiones cuestionada desde el prisma de la culpabilidad y la proporcionalidad.

- **El precepto no prevé medidas de reparación o protección específica para el menor** que haya sido objeto del delito, salvo las sanciones accesorias.

5.
DELITO DE QUEBRANTAMIENTO DE LOS DEBERES DE CUSTODIA

Estructura del delito de quebrantamiento de los deberes de custodia

El delito de quebrantamiento de los deberes de custodia viene recogido en el artículo 223 del Código Penal, dentro del capítulo III («De los delitos contra los derechos y deberes familiares»), del título XIII («Delitos contra las relaciones familiares»). Este artículo establece que, quien teniendo a su cargo legalmente la custodia de un menor o de una persona con discapacidad que necesita especial protección, se niegue injustificadamente a entregarlo o presentarlo a sus padres o guardadores legales, después de haber sido requerido a estos efectos, será castigado con la pena de prisión de seis meses a dos años, aunque si los hechos constituyen un delito más grave se aplicará la pena que corresponda en ese caso.

El **bien jurídico protegido** son las relaciones familiares, entendidas como el conjunto de derechos y obligaciones existentes entre los miembros de una familia. Este precepto protege principalmente el interés superior del menor o de la persona con discapacidad en el contexto de las relaciones familiares y de la custodia legalmente establecida, garantizando la estabilidad personal, emocional y jurídica del menor evitando, por ende, situaciones de ocultación, retención o separación arbitraria de su entorno familiar reconocido legalmente. Además, protege el derecho de los padres o guardadores legales a ejercer su patria potestad o tutela sobre el menor de manera efectiva.

El **elemento objetivo** del delito es la negativa de presentar al menor ante sus padres/guardadores.

Además, se requieren tres requisitos para poder apreciar el tipo delictivo:

- Requerimiento expreso del sujeto pasivo de presentar al menor.
- La negativa injustificada del sujeto activo de entregar al menor.

Y, además, como **elemento subjetivo** —y tercer requisito— del tipo penal, se requiere dolo genérico en el autor. Se debe de conocer la obligación de entregar al menor y, consecuentemente, optar de manera voluntaria por incumplirla.

Así pues, la **consumación** del delito se produce en el momento de la negativa a entregar al menor sin causa justificada, aunque el delito puede ser considerado como un delito de omisión permanente mientras continúa de forma persistente la conducta antijurídica. A mayores, cabe destacar que en este caso no cabe la tentativa del tipo penal.

Serán **sujetos activos** de la conducta penal aquella persona que tenga a su cargo la custodia ya sea legal o de hecho, del menor o persona con discapacidad (por ejemplo, abuelos u otros familiares). No podrán ser sujetos activos, por ende, aquellos que ostenten la patria potestad o la guarda legal, tal y como dicta el **auto de la Audiencia Provincial de Madrid n.º 226/2011, de 4 de marzo, ECLI:ES:APM:2011:1703A**: «*Sujeto activo de este delito sólo podrá ser quien tenga a su cargo la custodia del menor o incapaz, como sujeto pasivo, entendida como toda situación transitoria por la que, por las circunstancias o por el título que sean, ostente el cuidado, la guarda o, en general, la protección temporal del menor. Por el contrario, no lo serán las personas que tengan atribuida la guarda y patria potestad del menor o incapaz. La acción típica consistirá en esa negativa a presentar el menor o incapaz a sus padres o guardadores, pero siempre que se cumplan dos requisitos que establece el propio precepto. El primero, que por parte de los padres o guardadores medie un previo requerimiento al sujeto activo para que efectúe la entrega del menor o incapaz sometido a su custodia temporal. El segundo, que el custodio no acredite una causa que justifique su negativa a esa entrega*».

Como expone la **sentencia de la Audiencia Provincial de A Coruña n.º 236/2017, de 24 de mayo, ECLI:ES:APC:2017:1115**, respecto a quién es el sujeto activo de este delito y cuál es la conducta típica:

> «(...) el sujeto activo no es el progenitor sino que este es el sujeto pasivo, la **conducta típica consiste en la no presentación del menor de edad a sus padres o guardadores, sin justificación para ello y previo requerimiento de los mismos,** debiendo destacarse que **para que se produzca la no presentación del menor requerida por el tipo no basta con no exhibir al menor frente a quien lo reclama,** sino que **es necesario no entregarlo o no ponerlo a disposición de los padres o guardadore**s, (...)».

CUESTIÓN

¿Cómo diferenciar un delito de quebrantamiento de los deberes de custodia de un delito de sustracción de menores?

Podemos encontrar un caso relativo a esta cuestión en la sentencia de la Audiencia Provincial de Badajoz n.º 76/2015, de 21 de octubre, ECLI:ES:APBA:2015:954. En ella se analiza un recurso de apelación interpuesto por el acusado (padre de la menor) contra la sentencia que lo condenaba como autor de un delito de sustracción de menores (con agravante de reincidencia). Fundamenta el recurso de apelación (en lo que a este tema interesa) en la errónea calificación jurídica de los hechos, siendo aplicable el artículo 223 del Código Penal. El tribunal desestima el motivo ya que el acusado no tenía la custodia de la menor y, además, la retuvo con vocación de permanencia, actuando al margen del mandato judicial. El tribunal considera acreditado que el acusado retuvo a la menor durante 29 días, desoyendo requerimientos judiciales y privando a la madre del ejercicio de la custodia, lo cual encaja plenamente en el tipo penal del artículo 225 bis del Código Penal.

Serán **sujetos pasivos** del delito, evidentemente, el menor o persona con discapacidad y los progenitores/guardadores legales.

Existe un **tipo atenuado** del delito, conforme a lo establecido por el artículo 225 del Código Penal, el cual recoge que siempre que se entregue al menor o persona con discapacidad en su domicilio/residencia o lugar conocido y seguro, se atenuará la pena (prisión de 3 meses a 1 año o multa de 6 a 24 meses), siempre que se cumplan los requisitos de:

1. No se haya puesto en peligro la vida, integridad, salud o libertad sexual del menor o persona con discapacidad.

2. No haya sufrido el sujeto pasivo maltrato, abuso ni vejación alguna.

3. No se haya cometido ningún otro delito durante la retención.

4. La retención no haya durado más de 24 horas o el lugar de estancia haya sido comunicado a sus progenitores, tutores o guardadores.

6.
DELITO DE INDUCCIÓN DE MENORES AL ABANDONO DEL DOMICILIO

Delitos contra los deberes familiares: inducción de menores al abandono del domicilio

Entre los delitos contra las relaciones familiares, regulados en el título XII del libro II del CP, se integran aquellos que atentan contra los derechos y deberes inherentes a las familias. Estos están contenidos en el capítulo III, que los agrupa en tres secciones:

- Sección 1.ª: quebrantamiento de los deberes de custodia e inducción de menores al abandono de domicilio (arts. 223 a 225 del CP).
- Sección 2.ª: sustracción de menores.
- Sección 3.ª: abandono de familia, menores o personas con discapacidad necesitadas de especial protección.

El delito de inducción de menores al abandono del domicilio

A tenor del art. 224 del Código Penal:

> «El que indujere a un menor de edad o a una persona con discapacidad necesitada de especial protección a que abandone el domicilio familiar, o lugar donde resida con anuencia de sus padres, tutores o guardadores, será castigado con la pena de prisión de seis meses a dos años.
>
> En la misma pena incurrirá el progenitor que induzca a su hijo menor a infringir el régimen de custodia establecido por la autoridad judicial o administrativa».

A TENER EN CUENTA. A efectos penales, el párrafo segundo del art. 25 del CP define a la persona con discapacidad necesitada de especial protección como «(...) aquella persona con discapacidad que, tenga o no judicialmente modificada su capacidad de obrar, requiera de asistencia o apoyo para el ejercicio de su capacidad jurídica y para la toma de decisiones respecto de su persona, de sus derechos o intereses a causa de sus deficiencias intelectuales o mentales de carácter permanente».

Con la regulación de este tipo delictivo, el legislador pretende:

- Otorgar una protección penal reforzada a sujetos pasivos especialmente vulnerables, evitando conductas que pongan en peligro su estabilidad y seguridad.
- Garantizar el cumplimiento de las resoluciones sobre custodia.

Dada la relevancia de los derechos implicados, la aplicación del precepto requiere de una valoración cuidadosa en cada caso.

|| Conducta castigada y marco penológico

El art. 224 del CP tipifica como delictiva la conducta consistente en **inducir** al menor o persona con discapacidad necesitada de especial protección:

- Al abandono del domicilio (por parte de cualquier persona).
- A la transgresión de los regímenes de custodia (por parte de alguno de los progenitores).

Como más adelante se explicará, la falta de una definición explícita de «inducción» en la norma ha llevado a nuestra jurisprudencia a concretar su alcance.

En cuanto a las **penas aplicables**:

- La **pena principal** para este delito es de **prisión de 6 meses a 2 años**. Dentro de estos límites, el juez podrá graduar la sanción conforme a los criterios generales de individualización previstos en los arts. 61 y ss. del CP. Para ello, tendrá en cuenta las circunstancias personales y del hecho. La pena establecida sitúa el delito en la categoría de delito **menos grave** conforme al artículo 33 del CP, lo que implica la aplicación de los regímenes procesales y penitenciarios correspondientes a dicha tipología penal.
- Asimismo, pueden imponerse **penas accesorias** previstas en la ley, cuando concurran los presupuestos legales y a criterio del órgano judicial. (Por ejemplo, la inhabilitación especial para el ejercicio de la patria potestad o tutela del art. 56.3.º del CP).

Elementos esenciales del delito de inducción de menores al abandono del domicilio

Con base en la teoría clásica del delito, el Diccionario panhispánico del Español Jurídico (DEJ) define este como una *«Acción o conducta típica, antijurídica y culpable que, por ello, es normalmente punible»*. Esta teoría considera **elementos esenciales** a todo ilícito penal:

- La **conducta** (activa u omisiva).
- La **tipicidad** de la conducta
- Su **antijuridicidad**.
- La **culpabilidad** o intencionalidad del autor.

A TENER EN CUENTA. Si bien parte de la doctrina entiende la punibilidad o penalidad como elemento del delito —con autores que defienden su carácter esencial y autores que lo niegan—, otro sector doctrinal interpreta la punibilidad como una consecuencia no esencial de los tres elementos básicos anteriores.

‖ Manifestaciones de la conducta inductora

El tenor literal del art. 224 del CP dispone que incurre en la conducta típica:

a) Cualquiera que «indujere» a un menor de edad o a una persona con discapacidad necesitada de especial protección a que abandone el domicilio familiar, o lugar donde resida con anuencia de sus padres, tutores o guardadores.

Si se trata de la persona responsable del menor o de la persona con discapacidad, la inducción puede ser llevada a cabo mediante:

- Conductas activas. Incitando explícitamente a la víctima al abandono del domicilio.
- Conductas omisivas. Así lo fundamenta el Alto Tribunal en la STS n.° 377/2004, de 25 de marzo, ECLI:ES:TS:2004:2063:

> «(...) cuando el encargado de la guarda, que está en posición de garante, no impide, pudiéndolo hacerlo, que el menor o la menor abandone el domicilio de sus padres se da el supuesto de la **comisión por omisión** (art. 11 CP) de este delito, **siempre que las características del hecho permitan afirmar la equivalencia entre la omisión de la conducta debida y la causación activa del resultado**. En efecto, es claro que la aceptación, inclusive de hecho, de la guarda de un menor sitúa al aceptante en la misma posición de garante de los padres, que surge de la ley civil, respecto del mismo.
>
> Por tal razón, el encargado de hecho de la guarda de la menor, está obligado a impedir que ésta abandonara el hogar familiar sin consentimiento de sus padres. Como lo ha subrayado la doctrina, la inducción por omisión se caracteriza, precisamente, por la omisión de disuadir de la acción prohibida al sujeto pasivo de la misma».

Esta sentencia es mencionada por el **AAP de Madrid, n.° 487/2006, de 8 de junio, ECLI:ES:APM:2006:6751A,** que parte de la siguiente cuestión: si la palabra «inducción» significa «acción y efecto de inducir», ¿cabe incluir en el tipo aquellos casos en los que el inducido ya había decidido realizar la conducta propuesta a posteriori por el inductor? Mediante el siguiente ejemplo se ilustra la respuesta de la jurisprudencia.

CUESTIÓN

Miguel, de 13 años, convive en el domicilio familiar junto a sus padres y bajo la guarda de su tío Fernando, quien asume el papel de cuidador mientras los progenitores trabajan. Un día Miguel decide por sí mismo abandonar el hogar familiar. Fernando, plenamente consciente de la decisión del menor, no hace nada por impedirlo ni intenta disuadirlo, facilitando con su omisión que Miguel abandone la casa y permanezca ausente durante varios días, hasta que es localizado por sus padres. ¿Puede considerarse penalmente

responsable a Fernando conforme al art. 224 del Código Penal, aun cuando el menor era *omnimodo facturus* (había tomado la decisión firme de abandonar el domicilio)?

Sí. La simple omisión de disuadir o impedir el abandono del domicilio por parte del encargado de la guarda, aun cuando el menor sea omnimodo facturus, es susceptible de ser sancionada penalmente como inducción al abandono del hogar en el marco del artículo 224 del CP, siempre que concurran los demás elementos del tipo.

Según el criterio reiterado por la Sala en la fundamentación jurídica de la **STS n.º 377/2004, de 25 de marzo, ECLI:ES:TS:2004:2063**, incluso cuando el menor esté decidido a abandonar el domicilio familiar, la conducta del encargado de su guarda que omite impedir dicho abandono resulta punible. El Tribunal Supremo añade que, si el encargado de hecho de la guarda del menor no impide, pudiendo hacerlo, la salida del menor, se produce el supuesto de **comisión por omisión** del art. 11 del CP, dada su posición de garante derivada de la guarda.

Si **se trata de otra persona,** a efectos penales sólo cabrá tener en cuenta conductas activas. Por ejemplo, la **SAP de Barcelona n.º 342/2023, de 5 de mayo, ECLI:ES:APB:2023:6510**, absuelve al novio de una menor que se fugó de la escuela para escapar con él, ya que no se pudo demostrar que el acusado llevara a cabo acción alguna dirigida a influenciarla para abandonar el hogar paterno: «*(...) no se ha demostrado que concurriera en la fuga de Rosa del centro escolar el día 5 de junio de 2001, inducción ni presión psicológica del acusado para con la menor. Y, dado que la conducta típica defendida en el art . 224 es inducir, es decir, determinar consciente e intencionadamente a otra persona a adoptar un determinado comportamiento, en modo alguno está incluida esta actividad en los hechos probados*».

Por su parte, la **SAP de Santa Cruz de Tenerife n.º 349/2024, de 01 de octubre, ECLI:ES:APTF:2024:2045, condena** al recurrente «*Como autor criminalmente responsable de un delito continuado de inducción de una menor al abandono del hogar de los artículos 74 y 224 del Código Penal*», al considerar probado «*(...) que fue la insistente propuesta del acusado la que decidió a la menor a escaparse de la vivienda familiar las primeras veces y en las posteriores de los dos centros de acogida e internamiento, DIRECCION007 e DIRECCION008 , en los que había sido ingresada tras ser declarada en desamparo. Inclusive, cabe achacar al procesado una influencia decisiva en el no retorno de la menor en las sucesivas ocasiones a su hogar paterno o de acogida, pues en todos los casos las desapariciones se cerraron únicamente con el hallazgo policial de la menor por avisos de terceras personas, encontrándose siempre Josefa alterada en sus capacidades intelectivas y volitivas debido al suministro por parte del procesado de sustancia estupefaciente*».

b) El progenitor que «induzca» a su hijo menor **a infringir el régimen de custodia** establecido por la autoridad judicial o administrativa.

Resoluciones como la **SAP de Salamanca n.º 68/2006, de 11 de septiembre, ECLI:ES:APSA:2006:601**, indican que, en este caso, no cabe la comisión por omisión, sino que **sólo será delictiva una conducta de persuasión activa:** «*(...) difícil cabe la comisión por omisión en este delito habida cuenta de la necesidad de un resultado y la infracción de un deber especial jurídico del autor no contemplado* *legalmente, sin que quepa la inclusión de los deberes morales». No otro significado puede dársele a las expresiones «actitud pasiva», «no colaborando», «no facilita su despedida y permiten que sean ellos quienes tomen la decisión». Indican claramente todas ellas la omisión por el recurrente de un comportamiento que le sería exigible, con la imposibilidad de la incardinación de su inactividad en un delito de comisión por omisión por la concurrencia de la estructura de esta clase de delitos: situación típica; ausencia de la acción determinada que le era exigida; capacidad de realizarla; posición de garante; la producción de un resultado y la posibilidad de evitarlo (STS 27-11-01)».*

‖ Delito de peligro abstracto

Por su parte, la anteriormente mencionada **SAP de Santa Cruz de Tenerife n.º 349/2024, de 01 de octubre, ECLI:ES:APTF:2024:2045,** determina que inducir al menor a abandonar el domicilio familiar (párrafo primero del art. 224 del CP) constituye un **delito de peligro puramente abstracto o potencial**, lo que significa que la tipicidad penal se construye sobre la mera realización de la conducta (la inducción eficaz al abandono), sin requerir que se produzca un daño o un peligro concreto adicional para el sujeto pasivo, como, por ejemplo, vivir en condiciones indignas, sufrir problemas de salud, etc.

La citada resolución recuerda que debe existir una **relación de causalidad entre el influjo psíquico y el abandono**, de forma que, sin la sugestión anímica, no se hubiera producido el resultado delictivo: *«(...) el esfuerzo inductor debe producir efectivamente la marcha del domicilio familiar, por lo que no pueden descartarse formas imperfectas de comisión»*. Con esto, se entiende que el tipo podría admitir su comisión en grado de **tentativa**, si el **resultado** —abandono del domicilio— no llegara a materializarse.

CUESTIÓN

Francisco —mayor de edad— intenta convencer a María —adulta con discapacidad necesitada de especial protección— de que abandone su domicilio familiar, ofreciéndole dinero y transporte. María se convence de ello, pero finalmente, tras intervenir sus padres, decide no abandonar su hogar.

1. ¿Pueden los padres de María acusar a Francisco de un delito del artículo 224 del Código Penal?

Sí. A pesar de que el delito no se consuma, porque María no llega a abandonar el domicilio familiar, podrían valorarse formas imperfectas de comisión, como la tentativa, si se logra demostrar que Francisco realizó actos idóneos y eficaces para inducir a María al abandono, aunque el resultado hubiera sido frustrado por terceros.

Por lo tanto, aunque no se estaría ante un delito consumado de inducción al abandono del domicilio familiar, podría analizarse la existencia de una tentativa del delito, dependiendo de la valoración de los actos realizados por Francisco y su idoneidad para convencer a María.

2. Si María llegara a escaparse por influencia de Francisco, ¿podrían sus padres acusar a Francisco de un delito del artículo 224 del Código Penal, aunque no se produjera menoscabo alguno en las condiciones de vida de María como resultado de su huida?

Sí pueden, porque, al ser un delito de peligro abstracto, para que los hechos encajen en el tipo, no hace falta que María sufra perjuicio alguno más allá del inherente a haber sido inducida a abandonar su domicilio familiar. Según la **SAP de Santa Cruz de Tenerife n.º 349/2024, de 01 de octubre, ECLI:ES:APTF:2024:2045**, la conducta implica la generación de un peligro presumiblemente apto para lesionar los derechos de la víctima, y consistente en una «(...) presión psicológica que no física».

3. Una vez acusado del delito del artículo 224 del Código Penal, ¿puede Francisco alegar en su descargo que María consintió en abandonar su domicilio familiar para irse con él?

No. La **SAP de Santa Cruz de Tenerife n.º 349/2024, de 01 de octubre, ECLI:ES:APTF:2024:2045**, declara la **nulidad del consentimiento de la víctima** influenciada y caracteriza la inducción como «(...) incitación o influjo intencional por medios eficaces e idóneos para abandonar su lugar de residencia o para infringir el régimen de custodia administrativa o judicial al que se vea sometido el menor o incapaz». La inducción conlleva una influencia o **impacto psicológico directo, concreto y eficaz** sobre la víctima que la lleva a tomar la decisión —viciada de nulidad— de abandonar el domicilio. Por tanto, **el consentimiento es irrelevante**, pues «(...) la voluntad de tales sujetos se encuentra debilitada debido a su condición personal y ante la situación de superioridad del inductor (SSTS del 11 de Marzo de 1981 y del 6 de Octubre de 1982)».

En el mismo sentido se pronuncia el **ATS n.º 2130/2005, de 20 de octubre, ECLI:ES:TS:2005:13998A**, frente a la alegación del recurrente de que no cabe la apreciación del delito de inducción, toda vez que la víctima manifestó que fue ella misma que convenció al acusado para que se la llevase de viaje con él: «C) La lectura de los hechos declarados probados, que han de ser intangiblemente respetados cuando se utilizar esta vía de recurso, relatan cómo desde el verano de 2001 hasta noviembre del mismo año, el acusado, de treinta años de edad y a la sazón profesor particular de música de Regina , después de granjearse su confianza y admiración, le propuso abandonar el hogar familiar e irse juntos a recorrer España y Europa en caravana. La acción descrita tiene pleno encaje en el concepto de inducción que se caracteriza por una **presión psicológica que no física del sujeto activo sobre la víctima que lleva a que sea ésta la que voluntariamente pero de forma viciada adopte la decisión que no responde a su libre albedrío sino a la situación de preeminencia moral o de otra índole del sujeto activo**».

|| Tipicidad

Para analizar los elementos del tipo penal recogido en el art. 224 del CP, cabe distinguir entre su tipo objetivo y su tipo subjetivo.

|| Tipo objetivo

Integrado por la **conducta** típica, los **sujetos** activo y pasivo, y el **objeto** material. Toda vez que la conducta típica ha sido analizada en el apartado anterior, a continuación, se estudian los demás componentes.

a) Sujetos: la **SAP de Santa Cruz de Tenerife n.º 349/2024, de 01 de octubre, ECLI:ES:APTF:2024:2045**, los define de la siguiente manera:

- El sujeto **activo** es la persona que induce al menor o persona con discapacidad necesitada de especial protección.

- El sujeto **pasivo** tiene que ser un menor de edad o una persona con discapacidad necesitada de especial protección en los términos del art. 25 CP. *«En todo caso, el sujeto pasivo debe tener una mínima capacidad de decisión que le permita el abandono del domicilio, lo que excluye a los menores de corta edad».*

b) **Objeto material**: es el menor de edad o persona con discapacidad necesitada de especial protección que abandona el domicilio familiar o el lugar donde reside con anuencia de sus padres, tutores o guardadores.

Tipo subjetivo

El elemento subjetivo del tipo penal del artículo 224 del Código Penal consiste en el **dolo**, es decir, la intención consciente y deliberada de inducir a un menor de edad o incapaz a abandonar el domicilio familiar o el lugar donde resida con la anuencia de sus padres, tutores o guardadores. Este dolo implica que el sujeto activo ejerza una **influencia psicológica por medios directos, concretos y eficaces** sobre la víctima, **idóneos** para que esta adopte la decisión de abandonar su residencia.

Antijuridicidad

Tal como expone la **SAP n.º 349/2024, de 1 de octubre, ECLI:ES:APTF:2024:2045**, el **bien jurídico protegido** del delito previsto en el art. 224 del CP protege:

- Los **derechos y valores familiares**, es decir, el orden familiar establecido por la normativa civil que atribuye a los padres el derecho de decidir y fijar la residencia de sus hijos menores.
- La **seguridad del menor o de la persona con discapacidad** necesitada de especial protección. En otras palabras, el interés del sujeto pasivo de estar sometido a una patria potestad, tutela o guarda de quien corresponda la consiguiente obligación de velar por su bien.

Según la sentencia, el domicilio del menor o de la persona con discapacidad necesitada de especial protección, *«(...) constituye el espacio natural en que encuentra el referente afectivo más adecuado para su debido desarrollo y formación, y también un ámbito de protección frente a terceras personas»*.

En definitiva, la conducta típica —inducir al sujeto pasivo a abandonar el domicilio familiar o a infringir el régimen de custodia— es **antijurídica** en tanto que pone en peligro la subsistencia del ámbito protector de la víctima, al dejarla a merced de terceros e indefensa frente a conductas que pueden afectar a su vida, libertad, integridad y sexualidad.

Culpabilidad

El elemento esencial de culpabilidad en el tipo penal del artículo 224 del CP se refiere a la necesidad de que el sujeto activo actúe con **dolo**, es decir, con conciencia y voluntad de realizar la conducta descrita en el tipo penal. Para que se configure el delito, es imprescindible que el sujeto activo tenga conocimiento de la ilicitud de su conducta y actúe con voluntad de infringir la norma, siendo necesario que se evidencie la concurrencia de una actuación dolosa y que se describan los hechos y circunstancias que permitan inferir dicha culpabilidad.

En el contexto del párrafo primero del artículo 224 del Código Penal, la culpabilidad se traduce en la necesidad de que el sujeto activo ejerza una influencia psicológica directa, idónea y eficaz sobre la víctima, con el propósito de que abandone su residencia. Este influjo debe ser causalmente determinante del abandono del domicilio, y la conducta del sujeto activo debe ser imputable a título de dolo, excluyendo cualquier forma de negligencia leve o responsabilidad objetiva

El párrafo segundo del artículo 224 del Código Penal, que tipifica la inducción del progenitor al hijo menor a infringir el régimen de custodia establecido por la autoridad judicial o administrativa, requiere para su comisión la existencia de dolo. Esto implica que el sujeto activo debe actuar con intención consciente y deliberada de inducir al menor a infringir dicho régimen. No se admite la culpa o negligencia como forma de culpabilidad en este tipo penal, ya que el elemento subjetivo del delito exige una voluntad dirigida específicamente a la realización de la conducta prohibida.

Subtipo atenuado por restitución de la víctima sin daño ni peligro

El artículo 225 del CP regula un subtipo atenuado para los delitos de quebrantamiento de los deberes de custodia y de la inducción de menores al abandono de domicilio:

> «**Cuando el responsable** de los delitos previstos en los dos artículos anteriores **restituya** al menor de edad o a la persona con discapacidad necesitada de especial protección a su domicilio o residencia, o lo deposite en lugar conocido y seguro, sin haberle hecho objeto de vejaciones, sevicias o acto delictivo alguno, ni haber puesto en peligro su vida, salud, integridad física o libertad sexual, el hecho será castigado con la **pena de prisión de tres meses a un año o multa de seis a 24 meses**, siempre y cuando el **lugar** de estancia del menor de edad o la persona con discapacidad necesitada de especial protección haya sido **comunicado** a sus padres, tutores o guardadores, o la **ausencia no** hubiera sido **superior a 24 horas**».

El argumento central del artículo es **privilegiar el retorno voluntario o sin agravaciones** del menor o persona con discapacidad, aplicando una pena notoriamente inferior a la de los artículos precedentes, siempre que no exista agravación mediante vejaciones, actos delictivos, o peligro relevante y se hayan comunicado la situación a las personas responsables o la ausencia no exceda de 24 horas. Este planteamiento responde a una voluntad de reequilibrar la sanción penal en atención a la protección efectiva del bien jurídico (la seguridad de la persona vulnerable) y el reconocimiento del arrepentimiento o corrección de conducta por parte del autor.

El subtipo atenuado, que se basa en el principio de proporcionalidad, se aplica bajo los siguientes **presupuestos**:

- Restitución o depósito en lugar seguro.
- Ausencia de vejaciones, violencia, actos delictivos, o peligro para la víctima.
- Comunicación inmediata del paradero a los responsables legales o ausencia inferior a 24 horas.

La rebaja punitiva refleja una ponderación adecuada entre la gravedad objetiva del hecho y la subsanación realizada por el autor.

7.
DELITO DE SUSTRACCIÓN DE MENORES

Delito de sustracción de menores: conducta castigada y marco penológico

El artículo 225 bis del CP regula el delito de sustracción de menores, estableciendo un marco punitivo específico para proteger el bienestar del menor y garantizar el cumplimiento de las resoluciones judiciales o administrativas en materia de custodia.

El apartado 1 de este artículo tipifica el delito de sustracción de menores castigando al **progenitor o progenitora que sustrajera a su hijo menor sin causa justificada**. Las **penas** previstas para este delito de sustracción de menores son:

- Pena **principal** de prisión de 2 a 4 años.

- Pena **accesoria** de inhabilitación especial para el ejercicio del derecho de patria potestad por tiempo de 4 a 10 años.

Debe notarse que los apartados 3 y 4 del art. 225 bis del CP contemplan **circunstancias que modifican la responsabilidad penal**, y que, en su caso, darán lugar a la exención, atenuación y agravación de la pena:

- **Exención**: si el sustractor comunica el lugar de estancia al otro progenitor o a quien corresponda legalmente el cuidado dentro de las 24 horas siguientes a la sustracción, con compromiso de devolución inmediata que se lleve efectivamente a cabo, o si la ausencia no hubiere sido superior a 24 horas, quedará exento de pena.

- **Atenuación**: si la restitución se realiza, sin haber comunicado dentro de las 24 horas, pero dentro de los quince días siguientes a la sustracción, se impondrá la pena de prisión de seis meses a dos años.

- **Agravación**: cuando el menor sea trasladado fuera de España o se exija alguna condición para su restitución, las penas de prisión e inhabilitación se impondrán en su mitad superior.

7.1. ¿En qué consiste la sustracción de menores?

Elementos esenciales del delito de sustracción de menores

Con base en la teoría clásica del delito, el Diccionario panhispánico del Español Jurídico (DEJ) define este como una *«Acción o conducta típica, antijurídica y culpable que, por ello, es normalmente punible»*. Esta teoría considera elementos esenciales a todo ilícito penal:

- La **conducta**.
- La **tipicidad** de la conducta.
- Su **antijuridicidad**.
- La **culpabilidad** o intencionalidad del autor.

Algunos autores añaden al listado la **punibilidad**, mientras otros la excluyen.

A continuación, se analizan los elementos esenciales del delito de la sustracción de menores.

|| La conducta: ¿en qué consiste la sustracción de menores?

La conducta típica en el delito de sustracción de menores se define como la acción de **sustraer** a un hijo menor sin causa justificada. El propio artículo 225 bis establece expresamente **dos modalidades** de sustracción:

- **Traslado** del menor: consiste en apartar al menor de su lugar de residencia habitual sin el consentimiento del otro progenitor, guardador o custodio legal.
- **Retención** del menor: se refiere al incumplimiento grave de un deber establecido por resolución judicial o administrativa, privando al menor de la relación con el progenitor custodio o con la persona encargada de su guarda.

Tal y como aclara la **SAP de Barcelona n.º 220/2007, de 15 de marzo, ECLI:ES:APB:2007:661**, *«(…) la norma presupone una situación en la que un menor se encuentra bajo la custodia de uno de los progenitores o de una tercera persona o de una institución, en virtud de lo establecido por una resolución judicial o administrativa, y el otro progenitor (o cualquiera de ellos, si el menor está confiado a una tercera persona o a una institución) se lo lleva (lo traslada) de su lugar de residencia, ocultando el punto al que el menor ha sido trasladado; o, aprovechando la oportunidad de tenerlo en su compañía, no lo devuelve (lo retiene) cuando y donde tenía el deber de hacerlo, de forma tal que revela su propósito de convertir en definitiva la convivencia que había de ser meramente temporal».*

El traslado y la retención son las únicas conductas que el artículo considera constitutivas de sustracción a efectos penales, por lo que, la aplicación del precepto exige que la conducta del sujeto activo se ajuste estrictamente a alguno de estos dos supuestos. Así lo confirma la **SAP de Madrid n.º 169/2016, de 6 de junio, ECLI:ES:APM:2016:8594**, que descarta la sustracción en un supuesto diferente: «*La acción de los familiares acusados respecto del niño consiste en separarlo antijurídicamente de su madre, **sin encerrarlo ni detenerlo**. Esa separación antijurídica del niño de su madre por sí sola, como lo reconoce la recurrente, **no es subsumible bajo el tipo del art. 225 bis CP**».

7.2. Tipicidad, antijuridicidad y culpabilidad

‖ Tipicidad

A continuación, se analizan los dos elementos del tipo previsto en el art. 225 bis del CP, a saber: el objetivo —que comprende la conducta típica, los sujetos activo y pasivo, y el objeto material— y el subjetivo, relacionado con la intencionalidad del autor.

‖ Elemento objetivo

Como se ha desarrollado en el apartado anterior, la **conducta típica** consiste en la sustracción del menor, ya sea en forma de traslado —separando al menor de su residencia habitual sin autorización— o de retención —incumpliendo gravemente una resolución judicial o administrativa que regula la custodia o guarda del menor—. Es fundamental destacar que las actuaciones temporales, donde exista intención de devolver al menor en un plazo razonable, no se consideran sustracción en el sentido penal, ya que la conducta debe realizarse con vocación de permanencia y revestir gravedad, o de lo contrario estaríamos quizá ante un posible delito de desobediencia genérico, pero nunca ante el de sustracción de menores del art. 225 bis del CP.

Cabe aclarar que el delito de sustracción de menores se consuma desde el momento en que uno de los cónyuges, sin el consentimiento del otro, traslada al menor de su residencia habitual, y que la sustracción continuará consumándose hasta tanto no cese la actuación antijurídica, es decir, hasta que el menor no sea reintegrado a la persona con quien debía estar en el momento en que tuvo lugar la sustracción.

a) Sujetos activo y pasivo

Los **sujetos activos** son aquellos que pueden cometer el delito. En el caso de la sustracción de menores, los sujetos activos son:

- El **progenitor no custodio** que tiene reconocido un régimen de visitas por resolución judicial o administrativa.
- Los **ascendientes del menor o parientes hasta el segundo grado de consanguinidad o afinidad** que incurran en las conductas tipificadas de traslado o retención.

El **sujeto pasivo**, es decir, la víctima del delito solo puede ser **el progenitor custodio**, o como reza el **AAP de Valencia n.º 1287/2019, de 20 de noviembre,**

ECLI:ES:APV:2019:4090A, con remisión a la jurisprudencia de las audiencias provinciales, *«(...) el progenitor apartado de la custodia previamente concedida en vía judicial».*

> **A TENER EN CUENTA**. En aquellos casos en que la sustracción afecte a varios menores, aclara el AAN n.º 368/2024, de 11 de julio, ECLI:ES:AN:2024:5303A, que solo se considera cometido un único delito, por la vulneración del bien jurídico protegido, que es la paz y estabilidad de la convivencia familiar. No obstante lo anterior, la pluralidad de menores afectados puede ser tenida en cuenta para individualizar y graduar la pena, reflejando un mayor desvalor de la conducta, pero no para elevar el número de delitos imputables al autor. En definitiva, con cita a las SSTS n.º 351/2020, de 6 de abril, ECLI:ES:TS:2022:1373 y n.º 339/2021, de 23 de abril, ECLI:ES:TS:2021:1403, la Audiencia Nacional reitera la doctrina jurisprudencial del Tribunal Supremo según la cual el número de menores afectados tiene repercusión en la determinación de la gravedad y la pena, sin multiplicar el número de delitos perseguibles penalmente.

Aunque el sujeto pasivo del delito de sustracción de menores sea el progenitor titular del derecho de custodia que resulta privado del ejercicio de dicho derecho por la conducta ilícita del otro progenitor, el bien jurídico protegido abarca la convivencia familiar y el interés superior del menor, por lo que **el menor trasladado o retenido tiene la consideración de afectado**, en la medida en que se le priva de la relación con ambos padres y se desestabiliza su entorno familiar. Por tanto, el delito protege prioritariamente el derecho de custodia, pero su relevancia se extiende también al interés y bienestar del menor afectado por dicha sustracción.

b) Objeto material

En general, el objeto material de un delito es la persona o cosa sobre la que recae la acción delictiva, sufriendo directamente el daño o el peligro. En el caso del delito de sustracción de menores, regulado en el artículo 225 bis del CP, es el menor de edad sujeto a patria potestad.

|| Elemento subjetivo: vocación de permanencia y gravedad

La intención del autor debe ser la de trasladar o retener al menor con vocación de **permanencia**, alterando **gravemente** el régimen de custodia establecido. Actuaciones temporales o con intención de devolver al menor en un plazo razonable no se encuadran en este delito. Según la **SAP de Toledo n.º 267/2024, de 18 de diciembre, ECLI:ES:APTO:2024:1102**, esto implica que **no basta con un acto puntual o temporal**, sino que debe apreciarse una aspiración de hacer permanente la situación, alterando o quebrantando el régimen de custodia existente y privando al otro progenitor de sus derechos parentales.: *«(...) el requisito subjetivo del tipo no puede entenderse de otra forma que como la intención del autor de trasladar o retener al menor con voluntad de permanencia en tal situación, con la finalidad de alterar o pervertir el régimen de custodia legalmente establecido, privando al progenitor que lo tiene concedido de su disfrute y cumplimiento».* Añade que **la vocación de permanencia se puede inferir de hechos objetivos**, como la ocultación o el perjuicio al menor, y **no es necesario que el autor conozca la norma infringida, sino que sea consciente de que su actuar es ilícito.**

En consecuencia, cuando el traslado o retención del menor se realiza **puntual o temporalmente**, no estaremos ante un delito de sustracción de menores, sino que podríamos estar ante un **posible delito de desobediencia genérico**, tal como se desprende de la **SAP de Ourense n.º 47/2018, de 15 de febrero, ECLI:ES:APOU:2018:91**, según la cual, *«(...) no se puede equiparar la conducta obstativa al derecho al ejercicio de la guarda atribuida por resolución judicial o administrativa, con la sustracción de menores. Como decíamos, este tipo delictivo requiere un plus en su antijuridicidad que no puede ser asimilado a no efectuar la restitución del menor en el plazo marcado por la resolución judicial, sino que como el propio concepto sustantivo de sustracción conlleva, debe privarse del disfrute del derecho de custodia con una clara finalidad de permanencia, (...)*

*En el caso a examen, hemos repetido reiteradamente que no se nos escapa la gravedad de la conducta, oposición contumaz al cumplimiento unido al ocultamiento, pero **esta actitud de rebeldía al cumplimiento de la resolución judicial no la encontramos ligada a una voluntad de configuración definitiva**, sino a la mera espera de que el resultado de los recursos judiciales prosperen y permitan revertir la situación».*

|| Antijuridicidad

La antijuridicidad de la sustracción prevista en el artículo 225 bis radica en su desvalor del derecho de custodia del sujeto pasivo del delito. Este derecho de custodia es el bien jurídico protegido y lo es en aras del mantenimiento de la paz en las relaciones familiares y en interés del menor. La tutela del derecho de custodia implica promover el retorno del menor (objeto material) al entorno donde la custodia estaba establecida. No se exige que la libertad o seguridad del menor corran peligro concreto, pero se reconoce que la sustracción puede generar riesgos afectivos, psicológicos y materiales.

En palabras del Alto Tribunal, en **STS n.º 351/2020, de 6 de abril, ECLI:ES:TS:2022:1373**, *«(...) lo que se pretende mediante el tipo de protección del artículo 225 bis CP es desalentar comportamientos parentales en los que los menores sean víctimas de un proceso de ‹cosificación›. El mantenimiento de la paz en las relaciones familiares en crisis se pone al servicio del interés superior del menor».*

|| Culpabilidad

El delito requiere **dolo** específico, es decir, la intención del autor de alterar o pervertir el régimen de custodia establecido, privando al progenitor custodio de su derecho. Este dolo implica la voluntad de mantener al menor en una situación contraria a lo dispuesto judicialmente, causando perjuicio a la víctima (el progenitor custodio) y al menor afectado.

La culpabilidad exige que el autor sea **consciente** de la ilicitud de su conducta y actúe con **voluntad** de sustraer o retener al menor: el **conocimiento de las resoluciones judiciales** es un requisito esencial para la comisión del delito. Así se desprende, por ejemplo, de la **sentencia del Tribunal Supremo n.º 870/2015, de 19 de enero, ECLI:ES:TS:2015:84**, que rechazó la alegación de error de prohibición invencible *ex* artículo 14 del CP hecha por el recurrente, quien esgrimió que *«(...) asesorado por su letrado, ‹creyó que cuando se llevó a sus hijos de vacaciones a Chiclana no estaba cometiendo infracción penal alguna'»*. En este caso, la Sala consideró probado que el acusado conocía las resoluciones judiciales que regulaban la custodia.

‖ Punibilidad

Con carácter **general**, la punibilidad, o posibilidad de punir, es entendida por una parte de la doctrina como elemento del delito —existiendo autores que defienden su carácter esencial y autores que lo niegan—, mientras tanto, otro sector doctrinal la interpreta como una consecuencia no esencial de la tipicidad, antijuridicidad y la culpabilidad.

Concretamente, como elemento del delito de sustracción de menores, la punibilidad se manifiesta en los siguientes aspectos:

- El artículo 225 bis del CP prevé, **como condición objetiva de punibilidad**, la **gravedad** del incumplimiento del régimen de custodia. Según la jurisprudencia, la gravedad implica que la retención o traslado del menor debe tener **vocación de permanencia**, excluyendo actuaciones temporales. Esto significa que el autor del delito debe tener la intención de apartar al menor de su entorno de manera definitiva.

- **Exención de la responsabilidad penal, atenuación y agravación de la pena** en algunos casos:

  » **Exención de pena**: si el sustractor comunica el lugar y restituye al menor en menos de 24 horas desde la sustracción o si la ausencia no supera dicho plazo.

  » **Atenuación de la pena**: si la restitución se realiza dentro de los quince días siguientes sin comunicación previa, la pena se reduce a prisión de seis meses a dos años.

  » El apartado tercero del artículo 225 bis aporta un **subtipo agravado** para este delito, que se aplicará cuando el menor sea trasladado fuera de España o fuese exigida alguna condición para su restitución. En este supuesto se impondrá la pena tipo en su mitad superior.

8.
DELITO DE ABANDONO DE FAMILIA, MENORES O PERSONAS CON DISCAPACIDAD NECESITADAS DE ESPECIAL PROTECCIÓN

Delitos contra los deberes familiares: abandono de familia, menores o personas con discapacidad necesitadas de especial protección

Entre los delitos contra las relaciones familiares, regulados en el título XII del libro II del CP, se integran aquellos que atentan contra los derechos y deberes inherentes a las familias. Estos están contenidos en el capítulo III, que los agrupa en tres secciones:

- Sección 1.ª: Quebrantamiento de los deberes de custodia e inducción de menores al abandono de domicilio.
- Sección 2.ª: Sustracción de menores.
- Sección 3.ª: Abandono de familia, menores o personas con discapacidad necesitadas de especial protección (arts. 226 a 233 del CP).

> **A TENER EN CUENTA**. Las figuras delictivas contenidas actualmente en la sección 3.ª se hallaban reguladas de forma dispersa en el anterior Código Penal.

8.1. Delito de abandono de familia

Delito de abandono de familia

Según establece el artículo 226 del CP:

«1. El que dejare de cumplir los deberes legales de asistencia inherentes a la patria potestad, tutela, guarda o acogimiento familiar o de prestar la asistencia necesaria legalmente establecida para el sustento de sus descendientes, ascendientes o cónyuge, que se hallen necesitados, será castigado con la pena de prisión de tres a seis meses o multa de seis a 12 meses.

2. El Juez o Tribunal podrá imponer, motivadamente, al reo la pena de inhabilitación especial para el ejercicio del derecho de patria potestad, tutela, guarda o acogimiento familiar por tiempo de cuatro a diez años».

El artículo 226 del CP prevé el **tipo básico** del delito de abandono de familia.

‖ Conducta castigada y marco penológico

A tenor del art. 226 del CP, la **conducta** penada consiste en el **incumplimiento** de los siguientes **deberes legales de asistencia**:

- Los inherentes al ejercicio de la **patria potestad, tutela, guarda o acogimiento familiar**.
- Los destinados al **sustento de descendientes, ascendientes o cónyuge necesitados**.

A TENER EN CUENTA. Mediante las expresiones «deberes legales» y «asistencia necesaria legalmente establecida», el precepto circunscribe la conducta típica al incumplimiento de las obligaciones previstas en la ley, dejando fuera del tipo el de aquellas que no estén legalmente contempladas.

Las **penas** aplicables a este delito serán:

- **Con carácter general:** prisión de 3 a 6 meses o multa de 6 a 12 meses; y
- **a discrecionalidad del juzgador:** inhabilitación especial para ejercer derechos de patria potestad, tutela, guarda o acogimiento por un período de 4 a 10 años.

Elementos esenciales del delito de abandono de familia

La definición general de «delito» contenida en el Diccionario panhispánico del Español Jurídico (DEJ) lo caracteriza como una *«Acción o conducta típica, antijurídica y culpable que, por ello, es normalmente punible»*. Por tanto, son **elementos esenciales de todo ilícito**:

- La **conducta** (activa u omisiva).
- La **tipicidad** de la conducta
- Su **antijuridicidad**.
- La **culpabilidad** o intencionalidad del autor.

A TENER EN CUENTA. Si bien parte de la doctrina entiende la punibilidad o penalidad como elemento del delito —con autores que defienden su carácter esencial y autores que lo niegan—, otro sector doctrinal interpreta la punibilidad como una consecuencia no esencial de los tres elementos básicos anteriores.

|| Requisitos de la conducta

Según nuestros tribunales, la conducta típica penada por el artículo 226.1 del CP como delito de abandono de familia debe ser **omisiva, permanente y generadora de riesgo para el sujeto pasivo.**

1.- Conducta omisiva

El tipo delictivo no contempla la realización de una acción, sino la **inactividad** del sujeto obligado respecto de sus deberes legales. Así lo recogen expresamente resoluciones como la **SAP de Alicante n.º 220/2016, de 1 de junio, ECLI:ES:APA:2016:2814**, que declara que *«(...) el delito del art. 226 es un **delito de omisión**, configurado por la situación típica, que en el caso es la relación paterno-filial entre los acusados y sus dos hijas menores, así como en la titularidad de la patria potestad de los primeros en relación con las niñas; la ausencia de la conducta debida, que consiste en el cumplimento de los deberes inherentes a la patria potestad; y la capacidad de hacerlo».*

2.- Conducta persistente

Con cita a resoluciones de otras audiencias provinciales, la **SAP de Gipuzkoa n.º 81/2025, de 28 de abril, ECLI:ES:APSS:2025:375**, defiende el carácter permanente de la conducta omisiva: *«La Audiencia Provincial de Córdoba, en su Sentencia n.º 306/2024 de 29 de Octubre en un supuesto de falta de escolarización del menor insiste en que el tipo del artículo 226 del Código Penal exige que «el incumplimiento de los padres, que ha de ser voluntario y **persistente**, ha de entenderse como una falta de esfuerzo para conseguir la actitud colaboradora en el menor y ha de tratarse de una conducta desidiosa y dejada en los progenitores respecto al deber que les incumbe de educar a su hijo o hija menor"».*

La misma Audiencia, en **SAP de Gipuzkoa n.º 17/2023, de 6 de febrero, ECLI:ES:APSS:2023:147**, declaró que: *«La consideración del delito de impago de pensiones como **delito permanente** arranca de reiterada jurisprudencia del Tribunal Supremo, que atribuye tal carácter al abandono de familia del art. 226 CP, lo que determina que no le sean de aplicación las reglas de la continuidad delictiva (art. 74 CP)».*

3.- Generación de peligro abstracto

El delito de abandono de familia se consuma con la mera puesta en peligro de los derechos del sujeto pasivo, tal como establece la **STSJ de la Comunidad Valenciana n.º 89/2019, de 12 de junio, ECLI:ES:TSJCV:2019:3619**, que lo cataloga como *«(...) un delito de peligro en abstracto, para cuya consumación basta la determinación de un peligro genérica al bien jurídico protegido por el mismo».*

A diferencia de lo que ocurre con el art. 229 del CP, la conducta típica del art. 226 del CP no implica el abandono físico de la víctima. Así lo interpretan las siguientes resoluciones, mencionadas en **SAP de Gipuzkoa n.º 81/2025, de 28 de abril, ECLI:ES:APSS:2025:375**:

> «La Audiencia Provincial de Santander en su Auto n.º 913/2023 parte de entender como característico del tipo, en base a la Sentencia del Tribunal

Supremo n° 730/2011 que "el abandono (del 226), por tanto, también **debe alcanzar a situaciones que sin ser del abandono propiamente dicho provoquen una situación de desatención por incumplimiento de los deberes de protección**, esto es, cuando un menor o incapaz no recibe las debidas atenciones por parte de quien lo está cuidando, de modo que llega a encontrarse en una situación extrema de desamparo y desprotección"

(...) las Audiencias Provinciales (y el propio Tribunal Supremo) reserva la aplicación del tipo del art. 226 a aquellas **situaciones en las cuales, sin haber una abandono propiamente dicho (entendiendo por tal, lógicamente, la separación física** entre los hijos y quienes legalmente vienen obligados a prestarle asistencia) **se incumplen de forma relevante deberes de custodia o asistencia** inherentes a la propia potestad».

Finalmente, la citada sentencia resume los requisitos de la acción típica con la siguiente afirmación: «(...) *el tipo se reserva a supuestos en que no se produce la separación física de la que se habla en los HECHOS PROBADOS, la desatención se prolonga o persiste en el tiempo y/o, además, se pone en riesgo la salud, integridad física o moral de los menores perjudicados(*véase Sentencia del Tribunal Supremo n.° 280/2025) por dicha conducta».

En suma, la **interpretación de la conducta** típica del delito de abandono de familia del art. 226 del CP se puede resumir en los siguientes **puntos esenciales**, establecidos por el **Tribunal Supremo** en la **STS n.° 280/2025, de 27 de marzo, ECLI:ES:TS:2025:146**:

- El delito sanciona la **omisión injustificada** de los deberes legales de asistencia inherentes a la patria potestad, tutela, guarda o acogimiento familiar.
- Son requisitos fundamentales para la existencia del delito:
  » Que exista una situación que genere el **deber de asistencia** debido al vínculo jurídico entre quien debe prestar asistencia y quien la recibe.
  » Que el **incumplimiento** de los deberes sea **total y persistente**, generando una situación de **peligro real** para el bien jurídico protegido.
  » **Que el sujeto tenga capacidad para actuar y evitar el peligro, y conscientemente omita hacerlo.**

La interpretación del Tribunal obliga, por tanto, a una valoración de la entidad y persistencia del incumplimiento del deber de asistencia, reservando la **vía penal solo** para los **supuestos realmente graves** que excedan del simple ilícito civil o moral. La reciente **STS n.° 766/2025, de 24 de septiembre, ECLI:ES:TS:2025:4397**, muy clara a este respecto, estima el recurso de casación interpuesto por un padre condenado en instancia por un delito de abandono del art. 226 del CP, al haberse negado puntualmente a recoger a su hija, aun habiendo sido requerido por la Guardia Civil.

En este asunto, el Alto Tribunal absolvió al recurrente, quien rehusó ir a buscar a su hija de 14 años cuando esta huyó del domicilio materno para refugiarse en casa de una amiga y, posteriormente, cuando fue contactado de nuevo para ir a recogerla al cuartel de la Guardia Civil. De acuerdo con la sentencia del Supremo, un *«(...) único episodio, puntual y aislado, que no dejó a la menor en riesgo inminente, pues se encontraba en casa de una amiga y después custodiada en dependencias policiales»,* no alcanza el umbral de gravedad, persistencia ni peligro exigido por el artículo 226.1 del Código Penal. Por esta razón, el TS anula la condena previa y aboga por la **intervención mínima del derecho penal** en cuestiones familiares, remarcando que sólo los incumplimientos graves, reiterados o generadores de un peligro efectivo para los hijos justifican una condena penal, remitiendo los supuestos leves o aislados al ámbito civil.

La Sala argumenta su decisión haciéndose eco de sentencias previas, como la **STS n.º 730/2011, de 12 de julio, ECLI:ES:TS:2011:4829**, que aborda el caso de los guardadores de un menor de cuatro años, consumidores de cocaína, que durante un tiempo desatendieron los síntomas evidentes de que el niño estaba ingiriendo la droga, resolviendo que *«el factum no describe un "abandono", sino un ejercicio inadecuado de los deberes de patria potestad o guarda del menor».* Asimismo, el Supremo cita la **STS n.º 121/2014, 19 de febrero, ECLI:ES:TS:2014:602**, que se pronuncia sobre el incumplimiento reiterado de los deberes por parte de una tutora.

|| **Elementos del tipo**

Para analizar los elementos del tipo penal recogido en el art. 226 del CP, cabe distinguir entre su tipo objetivo y su tipo subjetivo.

Tipo objetivo: integrado por la **conducta típica** (cuyos requisitos han sido analizados en el apartado anterior), los **sujetos activo y pasivo**, y el **objeto material**.

a) Conducta típica: tipo penal en blanco

Analizados los requisitos de la acción en el apartado anterior, cabe ahora analizar **cuáles son las obligaciones cuyo incumplimiento da lugar a la conducta típica** del delito de abandono familiar del art. 226 del CP.

El citado precepto se limita a señalar que la conducta típica consiste en la **omisión de cierto tipo de deberes** —los inherentes a la patria potestad, tutela, guarda o acogimiento familiar y los de asistencia necesarios para el sustento de descendientes, ascendientes o cónyuge necesitados— **remitiendo la concreción del contenido de tales obligaciones a leyes sin especificar**.

Sobre esta cuestión se pronuncia la **SAP de Madrid n.º 185/2020, de 5 de junio, ECLI:ES:APM:2020:5584**, que declara que *«(...) el delito del art. 226,1º del C.P. «comporta una dinámica omisiva con efectos permanentes cuya integración normativa de referencia, dada su naturaleza de* **tipo penal en blanco***, la constituyen los* **artículos del Código Civil reguladores de los deberes»**.

Dicho esto, **en las siguientes normas civiles se concretan las obligaciones** a las que se refiere el delito de abandono de familia:

• **Patria potestad:** art. 39.3 de la CE y en el art. 154 del CC.

La **SAP de Alicante n.º 220/2016, de 1 de junio, ECLI:ES:APA:2016:2814**, aboga por una interpretación en sentido amplio de estas obligaciones, que *«(...) no se circunscribe exclusivamente a lo estrictamente material o económico, sino que se extiende a otros, y entre ellos, la educación y formación integral de los hijos»*.

- **Tutela**: arts. 199 y ss. del CC.
- **Guarda**: arts. 237 y 238 del CC.

b) Sujetos: activo y pasivo

Pueden ser **sujetos activos** del delito de abandono de familia previsto en el art. 226 del CP, los padres, tutores, guardadores legales, acogedores familiares o cualquier persona que ostente deberes legales de asistencia hacia el sujeto pasivo.

Podrán ser **sujetos pasivos** los menores, personas con discapacidad, ascendientes, descendientes o cónyuges en situación de necesidad que se vean afectados por el incumplimiento de los deberes legales de asistencia.

> **A TENER EN CUENTA**. Sobre la situación de necesidad del sujeto pasivo se pronuncia la STS n.º 543/1998, de 28 de mayo, ECLI:ES:TS:1998:3488: «Al definir la situación en la que se debe encontrar el sujeto pasivo el legislador ha querido subrayar cuál es el elemento que determina el carácter criminal del incumplimiento, de tal manera que no cualquier infracción del deber sea motivo suficiente para la aplicación de la pena. En realidad la ley ha querido evitar de esta manera que la deuda civil proveniente de los deberes de asistencia legalmente establecidos pueda dar lugar a una pena del derecho penal. Es decir, no se ha querido reemplazar la ejecución civil de una deuda por un procedimiento penal de ejecución. Es indudable que en un caso en el que la hija tiene reconocida una pensión por minusvalía, como consta en los hechos probados, y de la que no se ha podido establecer una situación de necesidad, no tiene el carácter de "necesitado" que exige el tipo penal».

c) Objeto material

El objeto material del delito de abandono de familia regulado en el artículo 226 del CP no es un objeto físico, sino la omisión de una conducta:

- El cumplimiento de los deberes legales de asistencia inherentes a la patria potestad, tutela, guarda o acogimiento familiar.
- La prestación de la asistencia necesaria legalmente establecida para el sustento de los descendientes, ascendientes o cónyuge que se hallen necesitados.

Este tipo penal protege el derecho subjetivo de los miembros vulnerables de la familia a ser asistidos, incluyendo tanto la seguridad personal como el sostenimiento económico y moral de los mismos.

‖ Tipo subjetivo

El tipo subjetivo viene determinado por el elemento intencional que motiva la comisión del delito. El Alto Tribunal, en su **STS n.º 280/2025, de 27 de marzo, ECLI:ES:TS:2025:146**, exige, como regla general, la existencia de **dolo**, es decir, la intención consciente de incumplir los deberes, y, **en casos graves**, una **negligencia significativa** que cause daño o ponga en peligro la vida o salud del menor.

El Supremo matiza que **no toda conducta negligente** o reprochable en el cuidado de los hijos **constituye delito**: para que se configure el tipo penal, es necesario que concurra una gravedad especial, con un incumplimiento claro, persistente y voluntario de los deberes esenciales, incidiendo negativamente en la protección, el desarrollo o la integridad del menor. (En el caso enjuiciado, la actuación del progenitor se consideró social y moralmente reprobable por ser negligente y descuidada, pero no alcanzó la **gravedad** ni la **persistencia** necesarias para ser considerada delito penal conforme al art. 226 del CP).

Por su parte, **la SAP de Málaga n.º 112/2003, de 7 de mayo, ECLI:ES:AP-MA:2003:1737**, aclara que *«Queda fuera del tipo los supuestos en que la insolvencia no ha sido buscada de propósito o debida a una actividad gravemente negligente o imprudente. Si la causa del impago es la precaria condición económica en que se halla el obligado, quien difícilmente consigue medios para su propia subsistencia, no cabe afirmar que medie dolo o negligencia».* Tal como añade la citada sentencia, el acusado que alegue insuficiente solvencia para cumplir con sus obligaciones familiares, deberá probar dicha situación.

‖ **Antijuridicidad**

El bien jurídico de este tipo penal es el **derecho subjetivo a ser asistido que poseen los hijos, los pupilos, el cónyuge y, en su caso, los ascendientes de una determinada persona.**

Por tanto, la antijuridicidad de la conducta viene dada por el **menoscabo** de la **seguridad familiar** materializada en su sostenimiento y protección, y del **interés del Estado en el cumplimiento de las resoluciones judiciales y el respeto al principio de autoridad.**

‖ **Culpabilidad**

Como se ha explicado en el apartado relativo al elemento subjetivo del tipo, este delito es fundamentalmente **doloso**, aunque se admite su comisión culposa si la negligencia es grave y causa daño o pone en peligro la vida o salud del sujeto pasivo.

8.2. Diferencias entre el incumplimiento de los deberes legales de asistencia y el abandono de menores

De los delitos de los artículos 226 y 229 del Código Penal y sus diferencias

Dentro del capítulo III («De los delitos contra los derechos y deberes familiares»), del título XII («Delitos contra las relaciones familiares») del libro II del Código Penal, encontramos los delitos de incumplimiento de los deberes legales de asistencia (artículo 226 del Código Penal) y el delito de abandono de menores o personas con discapacidad (artículo 229 del Código Penal). Estos preceptos buscan proteger los derechos fundamentales (derechos a la integridad física y moral (artículo 15 CE), derecho a vivir en un entorno familiar adecuado (artículo 18 CE y artículo 8 del Convenio Europeo de Derechos Humanos), derecho a recibir alimentos y cuidados básicos...) de los miembros más vulnerables del núcleo familiar frente a conductas de desatención, desamparo o negligencia por parte de aquellos que están obligados a su cuidado.

Por un lado, en el **delito de incumplimiento de los deberes legales de asistencia**, establece el artículo 226 del Código Penal que quien incumpla los deberes legales de asistencia derivados de la patria potestad, tutela, guarda o acogimiento familiar, o no preste asistencia necesaria legalmente a descendientes, ascendientes o cónyuge (siempre que estos estén necesitados), se les impondrá la pena de prisión de 3 a 6 meses o multa de 6 a 12 meses y, además, el juez podrá imponer pena de inhabilitación especial para ejercer la patria potestad, tutela, guarda o acogimiento familiar de 4 a 10 años.

Por otro lado, el **delito de abandono de menores o personas con discapacidad**, regulado en el artículo 229 del Código Penal, establece como conducta típica aquella consistente en abandonar a un menor de edad o persona con discapacidad necesitada de especial protección por quien tenga a su cargo su guarda. La pena que se impondrá varía en función de si el autor es cualquier guardador (pena de prisión de 1 a 2 años), si son los padres, tutores o guardadores legales (pena de prisión de 18 meses a 3 años) o si el abandono se realiza con peligro concreto para la víctima (pena de prisión de 2 a 4 años, sin perjuicio de aplicar otras penas si hay delito más grave).

Ambos tipos penales tienen el mismo **bien jurídico protegido**: la integridad física, moral y el desarrollo integral del menor o persona con discapacidad. Secundariamente, se pretende salvaguardar el sistema de relaciones familiares y la función social de la familia tal y como la entiende nuestro ordenamiento jurídico. Sin embargo, los dos tipos penales presentan diferencias esenciales en cuanto al tipo de conducta antijurídica, la gravedad de la misma y el grado de daño causado a la víctima. Es por este motivo fundamental delimitar con precisión cada tipo penal, para así poder garantizar una respuesta adecuada ante los distintos supuestos.

|| Delito de incumplimiento de los deberes legales de asistencia

El **elemento objetivo** del delito radica en el incumplimiento de los deberes legales de asistencia. Este tipo penal entra dentro de la categoría de los denominados tipos penales «en blanco», ya que el legislador no define el contenido del tipo de manera autónoma, siendo necesario remisión, en este caso, a la normativa del Código Civil y la Ley Orgánica 1/1996, de 15 de enero, de Protección Jurídica del Menor, entre otras. Así pues, podemos diferenciar dos conductas alternativas:

1. Incumplimiento de los deberes legales de asistencia. Son inherentes a la patria potestad (alimentación, educación y formación, cuidado personal, representación legal, administración de bienes...), tutela

(cuidado y protección, alimentos y manutención, educación e integración social, representación legal...), guarda (cuidado y vigilancia, alimentos y cuidados básicos, acceso a la educación y a la salud...) y acogimiento familiar (atención afectiva y emocional, cuidado personal y convivencia, alimentos, salud, educación...). Tiene especial relevancia respecto a menores o personas con discapacidad.

2. Incumplimiento de la asistencia necesaria para el sustento. Abarca supuestos para el sustento de descendientes, ascendientes y cónyuges necesitados.

El **elemento subjetivo** del delito requiere dolo, es decir, el conocimiento y la voluntad de incumplir los deberes legales.

El **sujeto activo** del delito serán los padres, tutores, guardadores legales, acogedores familiares o aquellas personas que ostenten deberes legales de asistencia. Por otro lado, el **sujeto pasivo** del delito serán los menores o personas con discapacidad, ascendientes, descendientes o cónyuges en situación de necesidad.

Por último, establece el artículo 228 del Código Penal que este delito solo podrá ser perseguido «*(...) previa denuncia de la persona agraviada o de su representante legal. Cuando aquélla sea menor de edad, persona con discapacidad necesitada de especial protección o una persona desvalida, podrá denunciar el Ministerio Fiscal*».

JURISPRUDENCIA

Sentencia del Tribunal supremo n.º 559/2009, de 27 de mayo, ECLI:ES:TS:2009:3613

«Ya en nuestra STS de 4 de octubre de 2.001, señalábamos que el tipo penal de abandono de menor de edad es un delito cuyo bien jurídico trata de proteger al menor al que debe dispensarse los cuidados necesarios que requiere y que aparecen relacionados en la legislación protectora sobre el menor, básicamente recogidas en el Código Civil y la ley de protección jurídica del menor. La conducta típica consiste en la realización de una conducta, activa u omisiva, provocadora de una situación de desamparo para el menor por el incumplimiento de los deberes de protección establecidos en la normativa aplicable. La situación de desamparo, concepto normativo del tipo penal, aparece definida en los estudios de protección a la infancia que refieren tal situación, en síntesis, a supuestos en los que el niño quede privado de la necesaria asistencia moral y material, que incidan en su supervivencia, su desarrollo afectivo, social y cognitivo, a causa de un incumplimiento o cumplimiento inadecuado de las obligaciones de los padres o guardadores. El Código Civil, en su art. 172, refiere la situación de desamparo a la que se produce de hecho a causa del incumplimiento, o del imposible o inadecuado ejercicio de los deberes de protección establecidos por las leyes para la guarda de los menores, cuando éstos queden privados de la necesaria asistencia moral o material. Esta situación de desamparo supone ya un riesgo para el menor por lo que el ordenamiento jurídico protector de la infancia dispone medidas de protección mediante intervenciones de carácter administrativo que las leyes protectoras regulan y los profesionales de los servicios sociales han de aplicar. El abandono en los términos señalados supone una acción u omisión, provocadora de la situación de desamparo. Cuando esa situación es provocada y alcanza una singular relevancia la conducta se subsume en el tipo penal del abandono, arts. 229 y 230, tipicidad compatible con las medidas administrati-

vas pues en tanto las autoridades administrativas adoptan medidas de protección del menor, constituyendo éste el objeto de su actuación, el Código Penal interviene para reprochar una conducta provocadora de la situación de desamparo. En este sentido debe tenerse en cuenta que si la situación de desamparo que alcanza una singular relevancia, configura la conducta típica, en cuanto genera cuando menos un grave riesgo para el sujeto pasivo, no parece ocioso para valorar la especial importancia de la situación de desamparo o abandono creada por el autor, el ponderar las consecuencias producidas o que hubieran podido producirse en el concreto caso por el incumplimiento de los deberes de la madre que han determinado esa situación de abandono del niño, es decir, la magnitud del riesgo generado por la conducta omisiva de la acusada, respecto a la salud (o la recuperación de la salud) del niño lesionado».

CUESTIÓN

¿Cabe apreciar este delito por el uso indebido de una indemnización destinada al cónyuge con discapacidad con medidas de apoyo para el ejercicio de su capacidad jurídica?

A TENER EN CUENTA. La sentencia a la que nos referimos corresponde al año 2014 y hace mención a la regulación relativa a la incapacidad vigente en el Código Civil en esas fechas. Es de recordar que desde el 03/09/2021 se puso fin a la incapacitación judicial, desapareciendo cualquier mención referente a la incapacidad, incapaz…y a la tutela sobre un mayor de edad. Desde esa fecha se encuentran vigentes las medidas de apoyo a las personas con discapacidad para el ejercicio de su capacidad jurídica.

La sentencia del Tribunal Supremo n. 121/2014, de 19 de febrero, ECLI:ES:TS:2014:602, corresponde a un recurso de casación interpuesto por la mujer condenada por incumplimiento de los deberes legales de asistencia inherentes a la tutela respecto a su cónyuge incapacitado (entre otros). Se considera probado que la mujer, tras ser designada tutora judicial de su cónyuge (tras sufrir este un grave accidente que le causó una minusvalía del 95% y una incapacidad permanente), recibe una indemnización de más de 785.000€ destinada al cuidado y atención del tutelado. La mujer dispuso de los fondos para sus fines personales, incumpliendo reiteradamente sus deberes legales de asistencia, ya que desatendió no solo materialmente, sino también moralmente a su cónyuge. Fue finalmente removida de la tutela y declara insolvente, sin que el cónyuge llegase a beneficiarse de la indemnización recibida a su favor. Así pues, el Tribunal Supremo mantiene la condena por el delito de incumplimiento de los deberes legales de asistencia inherente a la tutela. Cabe destacar el extracto de la sentencia que se refiere a que el delito del artículo 226 del Código Penal es «(…) un delito de omisión, por incumplimiento injustificado de los deberes de asistencia inherentes a la tutela y se requiere capacidad de realizar la acción debida. El tipo subjetivo exige conocer las circunstancias fácticas que generan el deber de asistencia». Además, resalta que: «Los deberes cuyo incumplimiento está penalmente sancionado no se circunscriben a la asistencia de índole puramente económica correspondiente a una pensión alimenticia sino que abarca el conjunto de deberes relativos a la atención y cuidado que corresponde, en este caso, al tutor respecto del incapaz».

|| Delito de abandono de menor o persona con discapacidad

El **elemento objetivo** del delito de abandono de menor o persona con discapacidad, consiste en abandonar a un menor de edad o a una persona con discapacidad que necesite especial protección. Cabe apreciar la modalidad de abandono físico o psicológico (desvinculación total). Además, se establecen como circunstancias agravantes el abandono que ponga en peligro la vida, salud, integridad física o libertad sexual del sujeto pasivo. Es pues, un delito de riesgo, no siendo necesario que se provoque ningún resultado concreto, tal y como afirma la STS n.º 459/2018, de 10 de octubre, ECLI:ES:TS:2018:3386.

El **elemento subjetivo** requiere de dolo, es decir, la voluntad consciente de abandonar e incumplir la protección y cuidados debidos.

Serán **sujetos activos** del delito las personas encargadas de la guarda del menor/persona discapacitada y los **sujetos pasivos** los menores/personas con discapacidad.

A mayores, cabe destacar lo dictado por la sentencia del Tribunal Supremo n.º 280/2025, de 27 de marzo, ECLI:ES:TS:2025:1467. En este caso se resuelve un recurso de casación interpuesto por la acusación particular contra la sentencia que absuelve al padre del menor del delito de abandono del artículo 229 del Código Penal. Se consideran hechos probados que el padre dejó a su hijo menor solo en casa por varios periodos, le permitía bañarse solo en la piscina de la urbanización y salir solo fuera del recinto de la urbanización en la que vivían. El TS entiende que los hechos probados no alcanzan la gravedad suficiente para subsumirse en el tipo penal, concluyendo que la conducta descrita evidencia negligencia y descuido, pero no un incumplimiento total y persistente de los deberes parentales ni una situación de riesgo suficiente para el menor. Así pues, se desestima el recurso.

¿Cuáles son las diferencias entre el delito de incumplimiento de los deberes legales de asistencia y el delito de abandono de menores?

La jurisprudencia es reiterada en el criterio para diferenciar estos dos tipos penales que, resumidamente, consiste en analizar la gravedad y la naturaleza de la conducta, siendo la del artículo 226 del CP una desatención dolosa, que no rompe la convivencia; en cambio, la conducta del artículo 229 del CP implica la ruptura o cesación de la relación por el abandono, causando además un riesgo grave.

SUPUESTO

¿No llevar a tu hijo menor al médico es un delito del artículo 226 del CP (delito de incumplimiento de los deberes legales de asistencia) o del artículo 229 del CP (delito de abandono de menores o personas con discapacidad)?

La sentencia del Tribunal Supremo n.º 730/2011, de 12 de julio, ECLI:ES:TS:2011:4829, trata este supuesto. En este caso, la madre del menor interpone recurso de casación contra la sentencia que la condena a ella y a su pareja (adultos a cargo del menor) como autores de un delito de abandono de menores. Se consideran hechos probados que la madre y su pareja convivían con el hijo menor de esta. El hijo presentó síntomas de excitación y alteraciones de la conducta durante meses, constatándose posteriormente a través de informes médicos y análisis toxicológicos, la presencia de cocaína en su organismo. Se le consideró consumidor habitual por al menos tres meses. Los adultos a su cargo (la madre y su pareja), a pesar de los signos evidentes de alarma y los avisos dados por el colegio, no llevaron al menor al médico en ningún momento. Los recurrentes alegaron error de calificación jurídica, estimando parcialmente el TS dicha alegación. Así pues, condena el Tribunal Supremo a la madre y a su pareja como autores del delito de incumplimiento de los deberes de la patria potestad o la guarda del menor, por entender que los hechos probados no constituyen un abandono, ya que existía convivencia y atención en otros aspectos, pero una omisión grave en relación con los cuidados médicos.

Igualmente, la sentencia del Tribunal Supremo n.° 559/2009, de 27 de mayo, ECLI:ES:TS:2009:3613, resuelve el recurso de casación interpuesto por la madre del menor condenada por el artículo 229 del Código Penal. Se consideran hechos probados que la madre no procuró atención médica urgente a su hijo tras ser reiteradamente advertida por facultativos de la gravedad de las lesiones por quemadura del menor, derivando esto en graves secuelas para este. Se alega indebida calificación jurídica y el TS considera que, efectivamente, los hechos no constituyen un delito de abandono, sino un delito de incumplimiento del deber de asistencia, debido a que no existió una cesación absoluta de la custodia ni una exposición del menor a peligros generales.

8.3. Delito de abandono de menores y personas con discapacidad

La protección penal frente al abandono en el ámbito familiar

En pos de proteger a los miembros más vulnerables del núcleo familiar, establece el Código Penal, dentro del capítulo dedicado a los delitos contra los derechos y deberes familiares, el delito de abandono, regulado por el artículo 229 del CP.

El **bien jurídico protegido** por este precepto es la integridad física y moral, la dignidad y el desarrollo integral del menor o persona con discapacidad. En términos más generales, podríamos decir que se protege la función social de la familia y la concepción de esta por nuestro ordenamiento jurídico (STS n.° 1016/2006, de 25 de octubre, ECLI:ES:TS:2006:6265).

Atendiendo a su naturaleza, calificamos este delito como un **delito de riesgo**, es decir, no será necesario que se materialice el daño o resultado final del delito, sino que bastará con la puesta en riesgo del bien jurídico protegido. En específico, es un **delito de peligro concreto**, ya que se requiere un peligro real, constatado e inmediato, no bastando el peligro abstracto en este caso, tal y como recoge la sentencia del Tribunal Supremo n.° 459/2018, de 10 de octubre, ECLI:ES:TS:2018:3386.

Es de especial relevancia el análisis del término de «**persona encargada de su guarda**». Hace referencia a esta expresión la sentencia del Tribunal Supremo n.° 1016/2006, de 25 de octubre, ECLI:ES:TS:2006:6265, cuando expresa que «*el concepto "encargado de su guarda" ha de interpretarse, no* *con referencia a la situación concreta de guardador de hecho, a la que ahora se refieren los arts. 303 y 304 CC , sino, con una mayor amplitud, a cualquier persona que está de hecho ejerciendo labores de custodia de un menor (o incapaz -art. 229), de tal manera que ha de considerarse comprendido en los amplios términos aquí utilizados por el legislador quien por cualquier título, oneroso o gratuito, o incluso sin título alguno, tiene de hecho a su cargo el cuidado de una de estas personas tan necesitadas de protección". Junto a este argumento de lógica y gramatical, que permite encuadrar la figura de la persona encargada de su guarda como concepto más amplio que el de padres, tutores o guardadores de hecho, hemos de relacionar otro relacionado con la estructura típica del delito de abandono de menores».*

Por último, en este tipo penal cabe la **comisión por acción u omisión**, tal y como expresa el siguiente extracto de la sentencia anteriormente mencionada: «*Como hemos señalado este delito admite una comisión activa y omisiva, pues la situación de riesgo, resultado del abandono, puede ser cometido de forma activa y deforma omisiva, mediante el incumplimiento de los deberes jurídicamente señalados en la protección de menores que obligan a los guardadores del menor y también aquellas personas que por su actuar precedente y por la puesta en peligro del bien jurídico garantizan la observancia de los específicos deberes de guarda y custodia*».

CUESTIÓN

¿Existe delito de abandono si hurtamos un vehículo con un menor en su interior?

La sentencia del Tribunal Supremo n.º 1016/2006, de 25 de octubre, ECLI:ES:TS:2006:6265, analiza este supuesto tan peculiar, mientras estudia el concepto de «persona encargada de su guarda» y la comisión del delito por omisión, tal y como se ha explicado con anterioridad. Así pues, en este caso se resuelve el recurso de casación interpuesto por el Ministerio Fiscal contra la sentencia condenatoria del hombre acusado como autor de delito de hurto de vehículo de motor y detención ilegal. Se consideran hechos probados que el hombre (con antecedentes por hechos similares) sustrajo un vehículo en el que se encontraba una menor de tres años, a la cual llevó consigo durante varias horas y terminó abandonando en un paraje aislado en el que finalmente fue localizada. Se absolvió al hombre del delito de abandono de menor regulado por el artículo 299 del Código Penal. El Ministerio Fiscal recurrió sosteniendo que el hombre asumió el hecho de la custodia de la menor tras sustraer el vehículo y, por ende, debería considerarse el «encargado de su guarda» y, al fin, responsable del delito de abandono. El Tribunal Supremo entiende que el concepto de «persona encargada de la guarda» abarca a quien, como consecuencia de su conducta, asume de hecho la custodia provisional del menor, aun sin título legal o familiar. Así pues, condena al autor del delito, adicionalmente, por abandono de menores.

El delito de abandono de familia, menores o personas con discapacidad necesitadas de especial protección

El delito de abandono no se presenta como un tipo único, sino que tiene principalmente cuatro **modalidades** a diferenciar en función de la gravedad del hecho y la cualidad del sujeto activo: el tipo básico del apartado 1 del artículo 229 del CP, el tipo agravado de los apartados 2 y 3 del artículo 229 del

CP, el tipo privilegiado o atenuado del artículo 230 del CP y el tipo de abandono impropio del artículo 231 del CP (STS n.º 459/2018, de 10 de octubre, ECLI:ES:TS:2018:3386). De este modo se puede adaptar la respuesta punitiva a las diferentes circunstancias de cada supuesto.

‖ Modalidad básica del delito

El **elemento objetivo** del tipo penal es la conducta activa u omisiva, imputable al sujeto activo, consistente en abandonar al sujeto pasivo, dando lugar a la situación de desamparo. Por otro lado, el **elemento subjetivo** del tipo penal requiere dolo, es decir, conocimiento por parte del autor de que el sujeto pasivo es menor o persona con discapacidad necesitada de especial protección, de que le está encomendada su guarda o custodia y de que su conducta genera una situación del abandono.

Será pues, **sujeto activo**, únicamente la persona que deba encargarse de la guarda del sujeto pasivo. Por otro lado, serán **sujetos pasivos** cualquier persona menor de edad o las personas con discapacidad necesitadas de especial protección. Por ejemplo, un abuelo que deja solo a su nieto de 5 años en casa durante 2 días sin comida, supervisión ni posibilidades de pedir ayuda. De nuevo, no se requiere que se materialice el resultado lesivo, sino que bastará con el peligro concreto.

La pena establecida en este supuesto es de 1 a 2 años de prisión.

Cabe resaltar la sentencia del Tribunal Supremo n.º 1138/2003, de 12 de septiembre, ECLI:2003:5466, en la que se absuelve a un adulto, el cual quedaba encargado del cuidado del hijo de su pareja sentimental mientras ella trabajaba. El menor fue ingresado en estado crítico, con signos graves de desnutrición, abandono y enfermedades varias. Sin embargo, no se acreditó que el acusado actuara como guardador de hecho en sentido estricto ni que tuviese instrucción o preparación para el cuidado adecuado del menor. Además, añade que no se probó que la conducta del acusado fuera la causa de la situación de abandono del menor y que no concurrió el dolo necesario para subsumirla en el tipo penal, ya que el acusado no actuó con conocimiento ni voluntad de propiciar la situación de desamparo. Así pues, el TS confirma la absolución.

‖ Modalidad agravada del delito

Los apartados 2 y 3 del artículo 229 del Código Penal recogen dos supuestos en los que la pena será agravada:

- Cuando el sujeto activo sean los padres, tutores o guardadores legales. En este caso se impondrá la pena de prisión de 18 meses a 3 años. Este aumento de la pena se debe a que estos autores están especialmente obligados a cuidar del menor o persona con discapacidad, debido a su relación más estrecha e íntima, provocando una mayor obligación de protección. Por ejemplo, un padre que abandona a su hija de 10 años en una gasolinera de madrugada y huye.

- Puesta en peligro de la vida, salud, integridad física o libertad sexual del menor o persona con discapacidad. Aun con todo, si los hechos constituyen un delito más grave, se castigará como corresponda en tal caso. El fundamento del agravante de la pena, en este caso, es la tutela de forma más intensa del bien jurídico protegido, anticipando la protección a la fase de peligro real y, en caso de que el resultado se lleve a término, expresamente se prevé la posibilidad de sancionar esos hechos de acuerdo con el delito más grave. La pena prevista en este caso es la pena de prisión de 2 a 4 años. Por ejemplo, una mujer que deja a su sobrino de 7 años que sufre de epilepsia, en su casa sin medicación ni supervisión durante 2 días. Existe un peligro real para su vida, salud e integridad física.

‖ Modalidad atenuada del delito

El artículo 230 del CP recoge una modalidad atenuada, conocida como **abandono temporal,** la cual consta de dos requisitos para su aplicación:

- Duración temporal limitada. Se precisa una situación de abandono de corta duración. Este concepto jurídico indeterminado debe de ser analizado por el juez o tribunal en función de las circunstancias concretas del caso, teniendo en cuenta elementos como la edad del menor, las condiciones del entorno, los riesgos existentes, etc.
- Ausencia de consecuencias graves. De concurrir un peligro grave para la vida, salud, integridad física o indemnidad sexual, se aplicará el tipo agravado del apartado 3 del artículo 229 del Código Penal.

Esta modalidad será castigada con las penas inferiores en grado a las previstas en el artículo anterior. El fundamento de esta rebaja punitiva descansa en el principio de proporcionalidad y de culpabilidad del Derecho Penal. Por ejemplo, una madre que deja momentáneamente a su hija de 6 años sola en el coche mientras va al gimnasio durante dos horas. Existe el abandono, pero es breve y sin consecuencias graves.

‖ Modalidad impropia del delito de abandono

El artículo 231 del Código Penal recoge la modalidad impropia del delito de abandono, el cual se diferencia por la naturaleza de la conducta y del vínculo previo entre el sujeto activo y pasivo del delito. En este supuesto, el sujeto activo no debe tener necesariamente un vínculo legal o formal de guarda con el sujeto pasivo, sino que se le ha confiado al menor o persona con discapacidad asumiendo voluntariamente su crianza o educación, aunque esta circunstancia sea temporal y/o informal.

La conducta típica consiste en entregar al sujeto pasivo a un tercero o a un establecimiento público sin el consentimiento de la persona que se los confió ni autorización previa de la autoridad competente, en su caso. Así pues, este tipo se castiga con la pena de multa de 6 a 12 meses. Esta modalidad se fundamenta en la voluntad de impedir cesiones o entregas arbitrarias del sujeto pasivo. Por ejemplo, una educadora de un centro de educación infantil entrega sin autorización a un menor a una ONG para que se hagan cargo de él por unos días, sin informar a los padres/juez.

DELITOS CONTRA LAS RELACIONES FAMILIARES

A mayores, si dentro de esta modalidad pone el sujeto activo en peligro concreto la vida, la salud, la integridad física o la libertad sexual del sujeto pasivo, la pena aplicable será de prisión de 6 meses a 2 años. Por ejemplo, un educador en un centro de menores deja salir a un niño con un adulto desconocido, sin autorización, resultando que terminan abusando del menor. La entrega irresponsable del educador puso en peligro concreto al menor.

8.4. El supuesto de mendicidad con menores o personas con discapacidad

Delito de mendicidad utilizando menores o personas con discapacidad

Este tipo penal, recogido por el artículo 232 del Código Penal, castiga a quienes «*(...) utilizaren o prestaren menores de edad o personas con discapacidad necesitadas de especial protección para la práctica de la mendicidad, incluso si ésta es encubierta, serán castigados con la pena de prisión de seis meses a un año*».

Respecto al **bien jurídico protegido** en este tipo penal la **Audiencia Provincial de Madrid en sentencia n.º 641/2016, de 18 de octubre, ECLI:ES:APM:2016:13952,** afirma que no es sencillo establecerlo, aunque su ubicación en un capítulo que tiene como rúbrica común la de delitos contra los deberes y derechos familiares implica la persecución del quebrantamiento de determinados deberes y derechos en el seno de las relaciones familiares que en esta figura delictiva se contraen a los que afectan a menores o personas con discapacidad que son utilizados para la mendicidad, conducta que supone, en todo caso, una lesión a la dignidad del menor o persona con discapacidad que es instrumentalizado para la obtención de dinero.

Para decidir sobre el recurso interpuesto, la AP de Madrid intenta **clarificar el alcance de la conducta típica** consistente en utilizar a menores o personas con discapacidad para la práctica de la mendicidad, y explica lo siguiente:

> «Dos posiciones pueden ser mantenidas. Aquella que sostiene que se cumple el tipo no sólo cuando se pide la limosna a través de los menores o incapaces sino también cuando la presencia de los menores es utilizada para provocar la generosidad de los demás. Otra, por el contrario, contrae la tipicidad a aquellos supuestos en los que son los menores o incapaces los que solicitan la limosna, aunque sea de modo encubierto. La STS de 10 de octubre de 2000, se ha posicionado por la segunda de las posturas al indicar que 'la dignidad de los menores o incapaces resulta esencialmente perjudicada cuando son instrumentalizados y se les dedica a la recaudación de dinero, mendigando, en beneficio de los mayores que se aprovechan con su explotación. Ello justifica la intervención del Derecho Penal a través de la figura de mendicidad de menores que examinamos.

Otra interpretación del tipo básico, previsto en el apartado 1º del artículo 232 del Código Penal , no resultaría acorde desde un punto de vista gramatical - nada se dice de que sea típica la conducta de aquellas personas que se hagan acompañar de menores para practicar la mendicidad como ocurría en el apartado 10 del artículo 584 del Código Penal antes de la reforma operada por la Ley Orgánica 3/1989, de 21 de junio -; histórico -los antecedentes legislativos antes mencionados no apoyan esa interpretación, especialmente cuando la Exposición de Motivos de la Ley Orgánica 3/1989 se refiere expresamente a 'destinar a menores de dieciséis años a la práctica de la mendicidad'-; lógico ni sistemático -dado el bien jurídico que se pretende tutelar-. Es más, se resistirían los principios de legalidad y mínima intervención que caracterizan al derecho penal y acarrearía efectos criminógenos en perjuicio de los propios menores o incapaces a cuya protección se orienta la conducta típica'».

Entiende la AP de Madrid que, partiendo de esos criterios, «es claro que los verbos típicos son los de "utilizar" o "prestar" a menores de edad para el ejercicio de la mendicidad; no es necesario que esa utilización se lleve a cabo mediante el uso de una fuerza coercitiva que obligue al menor». Y llega a la conclusión de que la utilización del menor en la actividad de mendigar se da cuando se le dedica a eso, aunque eso no suceda en contra de la voluntad del niño.

El caso resuelto por este tribunal versaba sobre un padre que estaba pidiendo en una esquina próxima a la esquina en la que su hijo pedía limosna. La audiencia entiende —y lo condena—«que (...) consentía ejercicio de la mendicidad por su hijo bien en su propio provecho, bien en el de un tercero, en cuyo caso la acción seguiría siendo típica, pues equivaldría a prestar al menor a ese tercero para el ejercicio de la mendicidad».

A mayores, establece el apartado 2 del art. 232 del CP un **tipo agravado**, consistente en que, con el objetivo de utilizar a menores o personas con discapacidad para la mendicidad, se lleven a cabo conductas especialmente graves como traficar con dichos sujetos, usar violencia o intimidación contra ellos o darles sustancias que puedan dañar su salud, la pena será de 1 a 4 años de prisión.

Ejemplo del tipo agravado de este delito se encuentra en la sentencia del Tribunal Supremo n.º 548/1999, de 12 de abril, ECLI:ES:TS:1999:2419, en la que se juzga un caso en el que los acusados obligaban a la menor a pedir por las calles de las localidades por las que se desplazaban, exigiéndole que llevara algo a casa o, de lo contrario, recibiría un castigo físico. Esta conducta está indudablemente incluida en el apartado 2 del artículo 232 del CP por utilizar violencia e intimidación para usar a la menor para la mendicidad.

Este tipo penal se consuma con la **mera actividad** de utilización o cesión para la mendicidad, no siendo necesario que se produzca el resultado de lucro efectivo.

El **elemento objetivo** de este tipo delictivo se conforma con los verbos nucleares de «utilizar» o «prestar» para la práctica de la mendicidad, incluso aunque esta sea encubierta. En el tipo agravado se requiere el tráfico de los sujetos pasivos, violencia o intimidación y/o suministro de sustancias perjudiciales para la salud. Por otro lado, el **elemento subjetivo** requiere de dolo genérico, es decir, conocimiento de la condición del sujeto pasivo y voluntad efectiva de utilizarlo o cederlo para la mendicidad. Así pues, no se exigirá el dolo específico de ánimo de lucro, aunque por lo general suele estar presente.

Será **sujeto activo** del delito cualquier persona que realice el verbo típico del delito, es decir, es un delito común (podrá ser perpetrado el delito por cualquier persona, sin requerirse legalmente ninguna condición o cualidad específica). Serán **sujetos pasivos** del delito los menores de edad o personas con discapacidad necesitadas de especial protección.

CUESTIÓN

¿Puede apreciarse este delito si una madre mendiga con su recién nacido en brazos?

La sentencia del Tribunal Supremo n.º 1731/2000, de 10 de noviembre, ECLI:ES:TS:2000:8187, trata el supuesto en el que una madre se dedicaba habitualmente a la mendicidad y se «ayudaba para promover el espíritu caritativo de los viandantes de sus hijos menores de edad que portaba en sus brazos o llevaba alrededor». Se consideró probado que la mujer mendigaba mientras daba el biberón a su hijo de 2 meses y su hija de 15 meses jugaba junto a ella. Así pues, se la condenó por dicho delito. La sentencia resuelve el recurso de casación en el cual se alega vulneración de la presunción de inocencia y error de hecho en la apreciación de la prueba. El Tribunal Supremo termina por absolver a la mujer sentenciando que: «*La decisión de este recurso exige clarificar el alcance de la conducta típica consistente en utilizar a menores o incapaces para la práctica de la mendicidad. Dos posiciones pueden ser mantenidas. Aquella que sostiene el Tribunal de instancia de que se cumple el tipo no sólo cuando se pide la limosna a través de los menores o incapaces sino también cuando la presencia de los menores es utilizada para provocar la generosidad de los demás. Otra, por el contrario, contrae la tipicidad a aquellos supuestos en los que son los menores o incapaces los que solicitan la limosna, aunque sea de modo encubierto. (…) Lo cierto es que la dignidad de los menores o incapaces resulta esencialmente perjudicada cuando son instrumentalizados y se les dedica a la recaudación de dinero, mendigando, en beneficio de los mayores que se aprovechan con su explotación. Ello justifica la intervención del Derecho Penal a través de la figura de mendicidad de menores que examinamos. Otra interpretación del tipo básico, previsto en el apartado 1º del artículo 232 del Código Penal, no resultaría acorde desde un punto de vista gramatical -nada se dice de que sea típica la conducta de aquellas personas que se hagan acompañar de menores para practicar la mendicidad como ocurría en el apartado 10 del artículo 584 del Código Penal antes de la reforma operada por la Ley Orgánica 3/89, de 21 de junio-; histórico -los antecedentes legislativos antes mencionados no apoyan esa interpretación, especialmente cuando la Exposición de Motivos de la Ley Orgánica 3/1989 se refiere expresamente a «destinar a menores de dieciséis años a la práctica de la mendicidad»-; lógico ni sistemático -dado el bien jurídico que se pretende tutelar-. Es más, se resistirían los principios de legalidad y mínima intervención que caracterizan al derecho penal y acarrearía efectos criminógenos en perjuicio de los propios menores o incapaces a cuya protección se orienta la conducta típica. Lo que se acaba de exponer en modo alguno significa indiferencia ante situaciones que, aunque no típicas, representen un riesgo para la salud, la dignidad o cualquier otro derecho o interés en favor de menores o incapaces. (…) En consecuencia, aunque la conducta objeto de enjuiciamiento no sea típica, el Tribunal de instancia deberá adoptar los acuerdos que estime oportunos a los efectos de que el Ministerio Fiscal, autoridad, organismo o institución estatal o autonómico competente ejercite las medidas de protección que se consideren adecuadas respecto a los menores mencionados en la sentencia*».

8.5. Penas accesorias

Penas accesorias a los delitos de abandono de familia, menores o personas con discapacidad

El artículo 233 del Código Penal establece unas penas accesorias para determinadas circunstancias. Primero, en atención a las circunstancias del sujeto pasivo, podrá el juez o tribunal imponer la pena de inhabilitación especial para el ejercicio de la patria potestad, tutela, curatela o acogimiento familiar de 4 a 10 años; y segundo, en caso de que el sujeto activo fuere funcionario público, se le impondrá la pena de inhabilitación especial para empleo o cargo público de 2 a 6 años. En todo caso, el Ministerio Fiscal instará de la autoridad competente las medidas pertinentes para la debida custodia y protección del menor.

La relevancia de estas penas accesorias es evidente debido a la necesidad del Derecho Penal de ajustarse a los principios de proporcionalidad y culpabilidad, de tal forma que las consecuencias de los actos antijurídicos estén en perfecta consonancia con los castigos impuestos por el ordenamiento penal.

9.
DELITO DE ABANDONO DE FAMILIA POR IMPAGO DE PENSIONES

El impago de pensiones como delito de abandono de familia

El delito de abandono de familia en la modalidad de impago de pensiones está tipificado en el artículo 227 del Código Penal (CP). Según este, será castigado con la pena de prisión de 3 meses a 1 año o multa de 6 a 24 meses quien dejare de pagar durante 2 meses consecutivos o 4 no consecutivos:

- Cualquier prestación económica en favor del cónyuge o de los hijos, establecida en convenio judicialmente aprobado o resolución judicial, en los supuestos de:
  » Separación legal, divorcio o nulidad matrimonial.
  » Proceso de filiación.
  » Proceso de alimentos a favor de los hijos.
- Cualquier otra prestación económica establecida de forma conjunta o única (no sucesiva), en los mismos supuestos.

La reparación del daño procedente de este delito conllevará siempre el pago de las cuantías adeudadas.

Por tanto, el art. 227 del CP configura como delito el impago de prestaciones decretadas judicialmente. Su razón de ser se halla en la protección de derechos fundamentales de los familiares económicamente dependientes, especialmente hijos y cónyuge, promoviendo el cumplimiento efectivo de resoluciones judiciales en materia económica familiar. Priorizando la garantía de los alimentos y prestaciones reconocidas por la justicia, la protección se traduce en una doble vertiente:

- **Sanción penal** (prisión o multa) al deudor.
- Exigencia expresa de **reparación** mediante el pago de lo adeudado.

No obstante, el precepto no distingue la causa del impago, lo que podría dar lugar a una aplicación rígida en situaciones de verdadera imposibilidad económica. Asimismo, la amplitud de sujetos y prestaciones incluidas aspira a cubrir los posibles intentos de eludir responsabilidades, aunque puede requerir una mayor concreción en función de la diversidad de situaciones familiares. Por estas razones, el art. 227 del CP ha sido objeto de análisis jurisprudencial por parte de la **STS n.º 41/2024, de 17 de enero, ECLI:ES:TS:2024:242**.

Análisis jurisprudencial del delito de impago de pensiones

El Alto Tribunal en la **STS n.º 41/2024, de 17 de enero, ECLI:ES:TS:2024:242**, realiza un análisis profundo de los **elementos que integran el tipo** delictivo del art. 227 del CP. Antes de entrar a desgranarlos, cabe recordar que, según la teoría clásica del delito, los elementos esenciales de cualquiera son: la **acción/omisión**, la **tipicidad**, la **antijuridicidad** y la **culpabilidad**.

‖ Tipicidad

Al analizar la tipicidad de un injusto, cabrá distinguir, en primer lugar, el **elemento objetivo** del tipo, integrado por la conducta típica (activa u omisiva), los sujetos (activo y pasivo) del delito y el objeto material de este; y en segundo lugar, el **elemento subjetivo**, que tiene que ver con la intencionalidad (dolo, culpa o negligencia), el ánimo que motiva al autor a obrar de la forma descrita en el tipo.

A) Elemento objetivo

A propósito de la **conducta típica**, Según la Sala, el abandono de familia por impago de pensiones es un **delito de omisión propia y de mera inactividad.**

- La conducta omisiva debe darse en las siguientes circunstancias, siguiendo el esquema propuesto en la STS n.º 937/2007, de 21 de noviembre, ECLI:ES:TS:2007:7630:

  a) Que una resolución judicial establezca la obligación de prestación económica y que aquella haya sido dictada dentro de procesos en los que se apruebe un convenio o se declare la separación, divorcio o nulidad, o en procesos sobre filiación o sobre alimentosa favor de hijos).

  b) Que no se hubiera realizado el pago de esa prestación en los tiempos y cuantía que el tipo penal refleja.

  c) Que el pago pueda ser realizado por el obligado (*in necesitate nemo tenetur*).

  d) Que el obligado tenga conocimiento de la resolución judicial y decida no realizar el pago. La voluntad de impago se considera ausente en supuestos de imposibilidad de satisfacer la prestación (**SSTS n.º 419/2022, de 28 de abril, ECLI:ES:TS:2022:1736**, y **n.º 348/2020, de 25 de junio, ECLI:ES:TS:2020:2158**).

- Se trata de un delito de mera inactividad y no de resultado, ya que no es imprescindible que el beneficiario esté en una situación de necesidad ni que del impago se derive otro perjuicio más allá del inherente a la no percepción de la prestación.

- Junto a la conducta típica, dentro del **elemento objetivo** del delito, cabe señalar también, como **sujetos activo y pasivo**, respectivamente, a la persona judicialmente obligada al pago de la pensión y a los beneficiarios de esta, ya sean los hijos o el/la excónyuge.

Finalmente, el **objeto material** del delito se identifica con la obligación incumplida, que es *«(...) una deuda líquida, vencida y exigible que no puede ser compensada por decisión unilateral del deudor (...) Así, pues, el dejar de abonar durante tres meses consecutivos la mitad del importe dinerario fijado en sentencia firme, de forma consciente y voluntaria y sin causa o motivo que lo justifique, da lugar a la acción omisiva típica»* (STS de 3 de abril de 2001, Rec. 2617/1999).

Ello no significa que meros retrasos en el pago o inexactitudes en el mismo suponga ya la comisión del delito».

B) Elemento subjetivo

Tal como explica la **STS n.º 41/2024, de 17 de enero, ECLI:ES:TS:2024:242**, el delito de impago de pensiones es necesariamente **doloso**, pues exige la voluntad consciente de incumplir la obligación establecida. Así, el ánimo o intención de no pagar pese a la capacidad económica es elemento esencial y debe deducirse de hechos probados, sin que pueda revisarse en casación por vía del art. 849.1 LECrim.

En palabras de la Sala: *«Tratándose de un delito de naturaleza esencialmente dolosa, el conocimiento por el sujeto activo de la resolución judicial que impone la obligación posteriormente incumplida, resulte un elemento indispensable para la perfección de esta figura delictiva. (Tribunal Supremo, Sala Segunda, de lo Penal, Sentencia 419/2022 de 28 Abr. 2022, Rec. 4205/2020)»*.

‖ Antijuridicidad

Radica en el **menoscabo de los derechos del beneficiario** de la cantidad impagada. Tal como expresa la sentencia, el delito de impago de pensiones *«(...) provoca un grave y serio perjuicio en los acreedores de esta pensión, al no recibir el sustento económico fijado judicialmente para atender lo que constituye en esencia el concepto de alimentos del art. 142 CC (todo lo que es indispensable para el sustento, habitación, vestido y asistencia médica) que viene a ser la esencia y objetivo de la «prestación económica» que cita el art. 227 CP a favor del cónyuge y/o sus hijos, que no es otra cosa que la supervivencia de los necesitados de esa pensión, cuestión que parecen desconocer interesadamente los incumplidores de esta obligación que debería ser más moral que legal»*.

Según indica la resolución del Alto Tribunal a propósito del **bien jurídico protegido**, el delito del art. 227 del CP, *«(...) lo que pretende es proteger a los miembros más débiles de la unidad familiar frente al incumplimiento de los deberes asistenciales por el obligado a prestarlos; luego el bien jurídico protegido **no es el cumplimiento de una resolución judicial**, sino el derecho de asistencia económica a que tienen derecho determinados miembros de una* *unidad familiar. (Tribunal Supremo, Sala Segunda, de lo Penal, Sección Pleno, Sentencia 346/2020 de 25 Jun. 2020, Rec. 1859/2019)».*

> **A TENER EN CUENTA**. Como ya se avanzó, el tipo penal no exige una situación de necesidad en el sujeto acreedor, dando cabida tanto a las pensiones de alimentos como a las meramente indemnizatorias. Es por ello que un amplio sector doctrinal va más allá, y sostiene que el bien jurídico protegido no se limita a la seguridad personal de los miembros económicamente más débiles de la familia, aun cuando ello fuera la finalidad principal de su tipificación penal, sino que también incluye el interés del Estado en el cumplimiento de las resoluciones judiciales y el respeto al principio de autoridad.

El bien jurídico protegido va a determinar el órgano competente para instruir el delito de impago de pensiones

Partiendo de que el bien jurídico protegido es el derecho de asistencia económica de ciertos miembros de la unidad familiar, y no el cumplimiento de una resolución judicial, **la competencia jurisdiccional para instruir** estos casos, según el artículo 89.5.b) de la LOPJ, varía **en función del tipo de pensión impagada y los sujetos pasivos afectados**. Así, cabe distinguir tres supuestos:

- **Impago de pensiones alimenticias de los hijos**: la competencia recae en la Sección de Violencia contra la Infancia y Adolescencia, si existe, o en la Sección de Instrucción. Esto se debe a que los hijos son los sujetos pasivos del delito, aunque la madre puede denunciar el impago si los hijos son menores, tienen discapacidad o son mayores de edad y conviven con ella.

- **Impago de pensión compensatoria a favor de la mujer**: en este caso, la competencia corresponde a la **Sección de Violencia sobre la Mujer**, conforme al artículo 89.5.b) LOPJ.

- **Impago conjunto de pensión compensatoria y alimenticia**: la competencia se asigna a la **Sección de Violencia sobre la Mujer**, dado que uno de los sujetos pasivos es la mujer beneficiaria de la pensión compensatoria. Esto se fundamenta en el artículo 14.7 de la LECrim, que prioriza la competencia de esta sección en caso de concurrencia con la Sección de Violencia contra la Infancia y Adolescencia.

El objetivo de tales diferencias procesales es garantizar que los casos sean tratados por el órgano especializado correspondiente.

Culpabilidad y punibilidad

Como se expresó al estudiar el elemento subjetivo del tipo, se trata de un **delito doloso**, de modo que, el autor debe tener conocimiento de su obligación de pago en virtud de la resolución judicial y, aun así decidir voluntariamente no abonar la pensión.

Además, ya en relación con la punibilidad como capacidad del Estado para castigar el delito, la sentencia objeto de análisis remite a la mejor doctrina para aclarar que «(...) *el perdón del ofendido o su representante legal no extingue la responsabilidad penal al no estar expresamente previsto para este delito, como exige el artículo 130.5 CP. Cosa distinta es la responsabilidad civil que es, en principio renunciable o reservable para su ejercicio en la vía civil».*

‖ Otras aclaraciones sobre el delito de impago de pensiones

Además de sus elementos esenciales, la **STS n.º 41/2024, de 17 de enero, ECLI:ES:TS:2024:242**, expone otros aspectos peculiares del presente tipo penal.

‖ ¿Cuál es el periodo de impago considerado delictivo?

El tipo prevé como delito el impago durante 2 meses consecutivos o 4 meses no consecutivos, debiendo entenderse que *«(...) se comete el mismo delito si se deja de pagar durante plazos superiores a los allí establecidos, al quedar subsumidos en los posteriores, no cometiéndose doble delito por dejar de pagar periodos anteriores en los plazos y supuestos previstos por el legislador y ello en cuanto que, la imputación del delito produce el efecto de cierre del periodo que comprende el delito cometido (STS 346/2020)».*

‖ ¿Qué periodo de impagos abarca la acción de reclamación?

Según la Consulta 1/2007, de 22 de febrero, de la Fiscalía General del Estado, al tratarse de un delito permanente de tracto sucesivo acumulativo, **la acción permite reclamar las cantidades impagadas hasta el momento del juicio**. Una vez omitido dolosamente el pago durante 2 meses consecutivos o 4 no consecutivos, —impago sobre el cual ha de ser oído el imputado durante la instrucción— los incumplimientos posteriores se integrarán o acumularán al mismo delito por continuar con la misma dinámica omisiva.

Las únicas consecuencias de la prolongación en el tiempo de la conducta recaen en la delimitación de la responsabilidad civil y en la individualización de la pena, pero no afectan al título de imputación, que permanece invariable: *«Las omisiones periódicas que integran el tipo penal dan lugar a un delito de tracto sucesivo acumulativo, en el que, una vez superado ese tiempo mínimo sin abonar la pensión, los sucesivos impagos se acumulan a él sin relevancia penal a efectos de continuidad delictiva, pues, en su definición, esos plazos de incumplimiento son los mínimos y nada impide que por encima de ellos pueda haber unos mayores, que quedarían acumulados a los anteriores, hasta el momento en que se celebre el juicio oral».*

‖ Delito de tracto sucesivo acumulativo

Al hilo de lo anterior, el Alto Tribunal señala que estamos ante un **delito de tracto sucesivo acumulativo**, integrado por varios actos de impago de pensiones: *«En nuestro auto de fecha 4 de mayo de 2013 afirmábamos que el delito de impago de pensiones del art. 227 del Código Penal es un «delito en varios actos», reiteración de omisiones en los momentos puntuales en que debe realizarse la prestación, por lo que estaríamos hablando, tal y como hemos apuntado, de un delito de los que se han dado en llamar de tracto sucesivo, en tanto en cuanto para su comisión exige una pluralidad de omi-*

siones, y que no es sino consecuencia del incumplimiento de una obligación de tracto sucesivo, cual es la de girar, con la periodicidad y en los tiempos marcados, los pagos correspondientes. (STS 346/2020)».

Posibilidad de reparación del daño y prescripción de la acción penal

El art. 227.3 del CP contempla la posibilidad de reparación del daño procedente del delito. Debe notarse que no se trata de una responsabilidad civil *ex delicto*, por lo que sólo deben contemplarse las cantidades adeudadas durante el periodo de impago sometido a enjuiciamiento y no todas las pendientes, si hubiera más. Según el Tribunal Supremo en la STS n.º 41/2024, de 17 de enero, ECLI:ES:TS:2024:242, la obligación civil de pago pensiones impuesta en la sentencia (de separación, divorcio, nulidad, filiación, alimentos), no es responsabilidad civil que nazca de un delito porque se generó anteriormente. Al contrario, se trata de una obligación nacida de la ley *«con idéntico régimen, y con idéntico obligado, aunque pueda convertirse en objeto accesorio del proceso penal»*.

De lo anterior resulta que el plazo de prescripción de la acción para reclamar las pensiones objeto material del delito de abandono de familia (art. 227 del CP) no sea el aplicable a la responsabilidad civil *ex delicto*, sino el plazo de 5 años aplicable a la obligación de pago de las pensiones (3 años en el Derecho Civil Catalán).

> **A TENER EN CUENTA**. Según la STS n.º 41/2024, de 17 de enero, ECLI:ES:TS:2024:242, en el delito de abandono de familia por impago de pensiones (art. 227 del CP), es habitual que el acusado persevere en la conducta ilícita con continuas omisiones voluntarias y deliberadas hasta la apertura del juicio oral. Por ello, no procederá la atenuante de dilaciones indebidas sin importar lo lenta que haya sido la tramitación, cuando se compruebe que la última pensión impagada y, por tanto, la persistencia en el delito, coincide con el momento de apertura del juicio oral. Para la Sala, la persistencia en el impago denota «(...) desprecio al contenido identificador del bien jurídico protegido por el delito que, además del principio de autoridad de las resoluciones judiciales que deben acatarse, resulta ser la seguridad del menor, modalizada en su sostenimiento económico"».

9.1. Delito de impago de pensiones alimenticias

Análisis del delito de impago de pensión de alimentos a los hijos y la denominada «violencia económica»

El denominado delito de impago de prestaciones económicas en el ámbito familiar viene recogido por el artículo 227 del Código Penal. Esta figura penal se enmarca en el título XII, relativo a los «delitos contra las relaciones familiares», los cuales responde a la imperante necesidad de proteger a los miembros más vulnerables de la familia.

Este precepto sanciona, con la pena de prisión de 3 meses a 1 año o pena de multa de 6 a 24 meses, la conducta de quien, incumpliendo una resolución judicial firme o convenio aprobado judicialmente, deja de abonar durante 2 meses consecutivos o 4 meses no consecutivos cualquier prestación económica a favor de su cónyuge o hijos. También se castiga con la misma pena a quien deje de pagar cualquier otra prestación económica establecida de forma conjunta o única en los supuestos mencionados.

El tipo penal se constituye como un **delito de omisión pura o propia**, ya que exige la concurrencia de requisitos objetivos y subjetivos para su consumación, además de la esencial falta de cumplimiento de un deber de actuar. Igualmente, también es calificado como un **delito de mera inactividad**, es decir, que no se requerirá un resultado o perjuicio concreto, bastando con el impago en términos legales.

JURISPRUDENCIA

Auto del Tribunal Supremo n.° 587/2004, de 15 de abril, ECLI:ES:TS:2004:4775A

*«El recurrente arguye, en su impugnación de la condena por el delito de abandono de familia, que el principio de intervención mínima impide que el mero incumplimiento de una obligación civil, como es la de pagar una prestación económica establecida judicialmente en caso de separación, divorcio o declaración de nulidad de matrimonio, se convierta en delito a no ser que **concurra la clara voluntad de incumplir dicha prestación**, lo que en este supuesto -según la tesis de quien recurre- se debe descartar ya que el incumplimiento del deber del acusado se produjo "por causas ajenas a dicha intención o imposibilidad de su cumplimiento". A tal alegato se debe contestar, como la hace la Jurisprudencia de esta Sala (STS de 8 de Julio del 2.002), ante todo, que el principio de intervención mínima puede ser postulado en el plano de la política criminal, tratando de orientar al legislador hacia una restricción de las conductas que deben merecer una respuesta penal. Una vez tipificada una conducta como delito por el legislador democráticamente legitimado, la aplicación judicial del precepto no debe estar inspirada por el principio de intervención mínima sino por el de legalidad, siendo éste entre nosotros el que obliga a no apreciar la existencia de un delito, a tenor de lo dispuesto en el art. 5 CP, sino cuando el hecho típico se realiza, según los casos, con dolo o por imprudencia. Nuestro legislador, atendiendo una indiscutible y apremiante necesidad social, creó el tipo delictivo de incumplimiento de la prestación económica establecida en sede judicial, mediante la introducción del art. 487 bis en el CP 1.973, y lo ha mantenido en el art. 227 CP vigente porque evidentemente subsisten las razones que aconsejan respaldar punitivamente el deber de cumplir dicha prestación. Claramente se trata de un delito cuyo **tipo objetivo es una pura omisión** - dejar de abonar durante dos meses consecutivos o cuatro meses no consecutivos cualquier prestación económica establecida judicialmente en favor del cónyuge o los hijos- y cuyo tipo subjetivo es el dolo, esto es, la conciencia y voluntad de dejar de pagar la prestación periódica que ha sido impuesta.*

No niega la parte recurrente que se haya realizado, en el caso enjuiciado por la Sentencia recurrida, el tipo objetivo del delito, sino sólo que se haya realizado el tipo subjetivo, pero de la declaración de hechos probados se desprende con toda evidencia que el acusado dejó de cumplir su deber asistencial sabiendo que no lo hacía y queriendo abstenerse de cumplirlo. La deliberada actitud de desobediencia y de abandono de sus obligaciones familiares por parte del acusado quedó así puesta de manifiesto, de suerte que, apareciendo en los hechos probados tanto el elemento objetivo como el subjetivo que integran el delito descrito en el art. 227.1 CP (...)».

El **bien jurídico protegido** en este precepto son los derechos y deberes derivados de las **relaciones familiares**, en especial, aquellos de naturaleza económica que han sido fijados judicialmente. Más concretamente, se tutela el derecho del cónyuge y los hijos a percibir dichas prestaciones económicas, cuya finalidad no es otra que garantizar el sustento y bienestar mínimo de los beneficiarios. Así pues, se protege el interés superior del menor y la garantía de cumplimiento de las resoluciones judiciales. Es por este motivo que el legislador ha optado por esta respuesta penal ante un comportamiento que podría resolverse en vía civil, pero que consta de esa especial gravedad si es reiterado, doloso y causa un perjuicio evidente, ya que este delito no solo afecta a la dimensión patrimonial, sino también a la dimensión personal e incluso social.

Así pues, tal y como señalan las SSTS **n.º 346/2020, de 25 de junio, ECLI:ES:TS:2020:2483**, y **n.º 41/2024, de 17 de enero, ECLI:ES:TS:2024:242**, el delito tipificado en el artículo 227 del Código Penal lo que pretende es proteger a los miembros más débiles de la unidad familiar frente al incumplimiento de los deberes asistenciales por el obligado a prestarlos, considerando que el bien jurídico protegido no es el cumplimiento de una resolución judicial, sino el derecho de asistencia económica a que tienen derecho determinados miembros de una unidad familiar.

Sin embargo, el tipo penal no exige una situación de necesidad en el sujeto acreedor, dando cabida tanto a las pensiones de alimentos como a las meramente indemnizatorias, de ahí que un importante sector doctrinal añada que el bien jurídico protegido no se limita a la seguridad personal de los miembros más débiles económicamente de la familia, aun cuando ello fuera la finalidad primordial de su tipificación penal, sino que incluye también el interés del Estado en el cumplimiento de las resoluciones judiciales y el respeto al principio de autoridad.

CUESTIÓN

¿Qué mensualidades pueden ser enjuiciadas?, ¿solo las inicialmente denunciadas o también las posteriormente impagadas? ¿Hasta qué momento procesal se pueden incluir?

La sentencia del Tribunal Supremo n.º 346/2020, de 25 de junio, ECLI:ES:TS:2020:2483, aclara estas cuestiones. En primer lugar, reitera que la naturaleza del delito es de omisión propia y un **delito de tracto sucesivo** (es decir, cada impago no genera un nuevo delito, sino que se acumulan al primero cometido, ya que este se seguirá cometiendo mediante la reiteración de omisiones de impagos). Así pues, el periodo enjuiciable puede abarcar todos los impagos ocurridos desde el primer incumplimiento **hasta la fecha de juicio oral**. Todos los impagos de ese periodo de tiempo determinado formarán parte de una misma conducta delictiva prolongada. Por lo tanto, para incluir los impagos posteriores a la denuncia es necesario que: sean de la misma naturaleza, se recojan en el escrito de acusación definitiva, el acusado haya podido defenderse adecuadamente sobre ellos y no se genere indefensión.

Así pues, entiende el TS que de esta forma se facilita la protección de las víctimas, evitando que tengan que denunciar cada nuevo impago y, además. beneficia al acusado en tanto en cuanto no se le acumularán varios delitos, sino únicamente uno, imponiéndose por ende una única pena. Se resalta además que no podrá alegarse indefensión si el acusado fue oído en la instrucción del juicio y pudo defenderse de los impagos acumulados.

9.1.1. La violencia económica

|| La denominada «violencia económica»

Ha señalado el Tribunal Supremo que el incumplimiento de la obligación de prestación de alimentos constituye «**violencia económica**» dado que el impago sostenido en el tiempo trasciende de la mera infracción patrimonial, recayendo sobre los hijos (especialmente) y el progenitor custodio dicho tipo de violencia. Tal y como dicta la **sentencia del Tribunal Supremo n.º 239/2021, de 17 de marzo, ECLI:ES:TS:2021:914:**

> «(…) existe delito de impago de pensión alimenticia que puede configurarse como una especie de **violencia económica**, dado que el incumplimiento de esta obligación deja a los propios hijos en un estado de necesidad en el que, ante su corta edad, y carencia de autosuficiencia, necesitan de ese sustento alimenticio del obligado a prestarlo, primero por una obligación moral y natural que tiene el obligado y si ésta no llega lo tendrá que ser por obligación judicial. Y ello, al punto de que si se produce el incumplimiento del obligado a prestarlos, ello exige al progenitor que los tiene consigo en custodia a llevar a cabo un exceso en su esfuerzo de cuidado y atención hacia los hijos, privándose de atender sus propias necesidades para cubrir las obligaciones que no verifica el obligado a hacerlo. (…) Todo ello determina que podamos denominar a estas conductas como violencia económica cuando se producen impagos de pensiones alimenticias. Y ello, por suponer el incumplimiento de una obligación que no debería exigirse ni por ley ni por resolución judicial, sino que debería cumplirse por el propio convencimiento del obligado a cubrir la necesidad de sus hijos; todo ello desde el punto de vista del enfoque que de obligación de derecho natural tiene la obligación al pago de alimentos. (…) Además, si no se satisface la pensión alimenticia en la cuantía que se estipuló en convenio o resolución judicial será el progenitor que se queda con ellos en custodia quien tiene que sustituir con su esfuerzo personal, como hemos expuesto, el incumplimiento del obligado, con lo que, al final, se ejerce una doble victimización, a saber: sobre los hijos como necesitados de unos alimentos que no reciben y sobre el progenitor que debe sustituir al obligado incumplidor por tener que cubrir los alimentos que no presta el obligado a darlos».

CUESTIÓN

¿Podrá interponerse orden de alejamiento al progenitor que cometa el delito de impago de alimentos tipificado en el Código Penal?

Debido a que el impago de la pensión de alimentos puede considerarse una forma de violencia económica, será posible interponer orden de alejamiento si concurre la comisión del delito, ya que tras la reforma de la Ley Orgánica 8/2021, de 4 de junio, de protección integral a la infancia y la adolescencia frente a la violencia, el apartado 2 del artículo 57 del Código Penal prevé expresamente la posibilidad de imponer a modo de pena accesoria, la prohibición de aproximación o comunicación con la víctima en los delitos de abandono de familia, entre los que se incluye el impago de prestaciones económicas en favor de hijos o cónyuge.

9.1.2. Elementos del delito

¿Qué elementos son necesarios para que se constituya el tipo penal?

Los **elementos objetivos** necesarios para apreciar este delito, conforme a la consolidada jurisprudencia del Tribunal Supremo (**SSTS n.º 151/2024, de 21 de febrero, ECLI:ES:TS:2024:935, n.º 896/2023, de 29 de noviembre, ECLI:ES:TS:2023:5277** y **n.º 419/2022, de 28 de abril, ECLI:ES:TS:2022:1736**, entre otras) son:

- **Existencia de una resolución judicial firme**. Esta resolución podrá ser una sentencia o un convenio regulador aprobado judicialmente. Ambos deben de provenir de un proceso de separación, divorcio, nulidad, filiación o alimentos a favor de hijos. Tal y como señala la **sentencia del Tribunal Supremo n.º 937/2007, de 21 de noviembre, ECLI:ES:TS:2007:7630,** no constituye delito el impago de una obligación alimenticia pactada en convenio privado no homologado judicialmente: «*En el caso presente, la prestación cuya insatisfacción se denuncia es meramente contractual y la ejecución se despacha por resolución jurisdiccional que atiende a los requisitos del título pero a los criterios con que la obligación se configura en el marco de los procesos a que la norma penal hace referencia*».

- **Impago efectivo de la prestación económica**. De acuerdo con los términos temporales fijados por la textualidad del artículo el impago debe ser de dos meses consecutivos o de cuatro meses no consecutivos. Se exige pues que el impago sea reiterado y, además, voluntario.

- **Capacidad económica del obligado al pago** (*in necesitate nemo tenetur*). El sujeto activo debe de tener posibilidades reales de cumplir con la obligación, es decir, si existe imposibilidad de pago objetiva y debidamente acreditada no habrá conducta típica. Este requisito se debe a la prohibición de la «prisión por deudas», recogido en el Pacto Internacional de Derechos Civiles y Políticos de Nueva York. de 19 de diciembre de 1966, e igualmente contemplado por nuestro ordenamiento en los artículos 10 y 96 de la Constitución Española. Cabe destacar el siguiente fragmento de la sentencia del Tribunal Supremo n.º 1148/1999, de 28 de julio, ECLI:ES:TS:1999:5469, «*El precepto penal aplicado (art. 227 del Código Penal 1995) ha sido doctrinalmente criticado desde diversas perspectivas. La más relevante, porque podría determinar su inconstitucionalidad, es la de que supusiese una forma encubierta de "prisión por deudas". Ahora bien la prisión por deudas se encuentra expresamente prohibida por el art. 11 del Pacto Internacional de Derechos Civiles y Políticos de Nueva York, de 19* *de diciembre de 1966, (B.O.E. 30 de abril de 1977) que dispone que "nadie será encarcelado por el solo hecho de no poder cumplir una obligación contractual", precepto que se integra en nuestro Ordenamiento Jurídico, conforme a lo dispuesto en los arts. 10.2º y 96.1º de la Constitución Española. Esta norma obliga a excluir de la sanción penal aquellos supuestos de imposibilidad de cumplimiento ("no poder cumplir"), solución a la que ha de llegarse igualmente desde la perspectiva de la cláusula general de salvaguardía propia de los comportamientos omisivos, conforme a la cual el delito únicamente se comete cuando se omite la conducta debida pudiendo hacerla».*

CUESTIÓN

¿Se anula la pena si el condenado no era el padre biológico?

La sentencia del Tribunal Supremo n.º 922/2007, de 28 de noviembre, ECLI:ES:TS:2007:8846, resuelve un recurso interpuesto por un hombre condenado por impago de pensión de alimentos a favor de su hijo. Posteriormente, mediante sentencia, se declara la inexistencia de paternidad entre el hombre y su supuesto hijo y, consecuentemente, el recurrente solicita revisión de la sentencia por haber desaparecido la relación paternofilial. El TS desestima el recurso debido a que sostiene que la inexistencia de paternidad no tiene carácter retroactivo absoluto y que, durante el tiempo en que se cometieron los hechos, sí existía una filiación legalmente reconocida y, por ende, la obligación de pago derivada de resolución válida judicialmente. Este argumento se basa en la fe registral del registro civil. A mayores, el Código Penal no distingue entre padre biológico o legal. La posterior nulidad de la filiación no puede eximir retroactivamente la responsabilidad penal ya declarada. Se exige la condición de hijo en el momento de los hechos. Aun con todo, un magistrado emite un voto particular, considerando el reconocimiento posterior de la inexistencia de la filiación es un hecho nuevo suficiente para evidenciar la inocencia del condenado.

Por otro lado, el **elemento subjetivo** del delito requiere dolo, es decir, en primer lugar, se debe de tener conocimiento de la resolución judicial firme que impone la obligación y, posteriormente, constar la voluntad de incumplirla. No se requiere ánimo de lucro. Tal y como establece la **STS n.º 348/2020, de 25 de junio, ECLIES:TS:2020:2158**, la figura penal del artículo 232 del Código Penal no se penaliza la mera incapacidad para pagar, sino la omisión con dolo y posibilidad de cumplimiento.

Cabe destacar que, en este tipo penal, no se exigirá necesidad por parte de los beneficiarios ni se requiere que se genere un perjuicio económico adicional más allá del propio impago.

CUESTIONES

1. ¿Y si el autor del delito alega falta de intención maliciosa (dolo)?

La sentencia del Tribunal Supremo n.º 1301/2005, de 8 de noviembre, ECLI:ES:TS:2005:6822, resuelve un recurso de casación interpuesto por el padre condenado por abandono de familia (impago de la pensión alimenticia fijada judicialmente a favor de su hijo), alegando la inexistencia del elemento subjetivo del tipo penal. Aunque existe una clara dificultad probatoria en relación con el dolo, ya que ese no puede probarse directamente, sino que se deduce o se infiere de los hechos y conductas realizadas por el sujeto, se debe de utilizar un **juicio de inferencia** (basado en hechos objetivos, lógica y experiencia). Así pues, aunque no se puede presumir el dolo, este puede acreditarse indirectamente por la conducta exterior del sujeto. De esta forma, el Tribunal Supremo confirma la existencia de dolo deducido racionalmente del impago injustificado y la ausencia de prueba de imposibilidad del cumplimiento de la obligación. Así pues, se desestima el recurso de casación y se confirma la condena.

2. ¿Y si el autor del delito carece de recursos económicos por despatrimonialización fraudulenta?

La sentencia del Tribunal Supremo n.º 562/2017, de 13 de julio, ECLI:ES:TS:2017:2873, resuelve un recurso de casación interpuesto por el hombre condenado por delito de abandono de familia (impago de pensiones) y absuelto del delito de alzamiento de bienes. Se considera probado que el hombre se deshizo intencionadamente de su patrimonio, imposibilitando este hecho el pago de la pensión y, aunque se considera que no hubo alzamiento de bienes por falta de acreedor efectivo, sí se aprecia una conducta dolosa, ya que la despatrimonialización fue consciente y fraudulenta, además de que tuvo como finalidad la de evitar dichos pagos. Así pues, la imposibilidad del pago de la pensión fue provocada intencionalmente por el acusado, ya que no se trató de una imposibilidad sobrevenida o involuntaria. Así pues, sus actos en vez de eliminar el dolo lo acreditaron (el dolo se manifiesta en la conducta de vaciamiento patrimonial para eludir el cumplimiento de la obligación de alimentos), y el TS mantiene la condena.

Por último, cabe resaltar que los elementos del tipo penal deben completarse en un doble sentido (**sentencia de la Audiencia Provincial de Madrid, n.º 625/2015, de 22 de septiembre, ECLI:ES:APM:2015:13308**):

- En los casos de **cumplimiento parcial del débito económico,** debe rechazarse cualquier formal automatismo que convierta en acción típica todo lo que no sea un íntegro y total cumplimiento de la prestación económica. La antijuridicidad material de la conducta (no solo la antijuridicidad formal de su subsunción típica) exige la sustancial lesión del bien jurídico protegido. De ahí que **ni todo abono parcial de la deuda conduce a la atipicidad de la conducta, ni esta se convierte en delictiva cuando lo insatisfecho es de tan escasa importancia en relación con lo pagado que resulta irrelevante para integrar el delito del artículo 227.1 del Código Penal.** Tal cuestión habrá de determinarse en caso concreto en función de las circunstancias concurrentes, excluyendo interpretaciones que supongan la consagración de la prisión por deudas con olvido de que en definitiva se trata de una modalidad típica del «abandono» de familia.

- En segundo lugar, de la inexistencia del delito en los casos de **imposibilidad de pago** no se sigue que la acusación deba probar, además de la resolución judicial y de la conducta omisiva, la disponibilidad de medios bastantes por el acusado para pagar, pues siendo este dato uno de los factores a valorar en la resolución que establezca la prestación, y siendo susceptible de actualización o alteración por modificación de las circunstancias, el hecho mismo de que se haya establecido judicialmente y se mantenga su importe permite, inicialmente, inferir de manera razonable la posibilidad de pago por el deudor y por lo mismo la voluntariedad de su omisión. Ahora bien, esto no obsta la **posibilidad de que por el acusado se pruebe la concurrencia de circunstancias que hayan hecho imposible el pago, acreditándose así la ausencia de dolo en el impago de la prestación debida.**

|| Necesidad de denuncia previa y legitimación para su interposición

El artículo 228 del Código Penal regula la **persecución penal** del tipo delictivo, para la cual será condición indispensable la **denuncia previa de la persona agraviada o de su representante legal.** Excepcionalmente, podrá denunciar el Ministerio Fiscal cuando la persona agraviada sea menor de edad, persona con discapacidad necesitada de especial protección o persona desvalida. Esto es así por el carácter de **delito semipúblico** de la conducta penal y, por este motivo, no podrá el Estado actuar de oficio, sino que requerirá el inicio del procedimiento por parte de la víctima.

CUESTIÓN

Cuando se trata de la pensión de un hijo mayor de edad, ¿podrá la madre interponer la denuncia por delito de impago de pensiones?

Sí. A este respecto se ha pronunciado de forma reciente la **sentencia del Tribunal Supremo n.º 557/2020, de 29 de octubre, ECLI:ES:TS:2020:3554**. En ella, el tribunal interpreta el término «persona agraviada» del artículo 228 del Código Penal que como hemos visto, dispone que dichos delitos —semipúblicos— solo se perseguirán previa denuncia de la persona agraviada o de su representante legal, pudiendo denunciar el Ministerio Fiscal cuando aquella sea menor de edad, persona con discapacidad necesitada de especial protección o una persona desvalida.

La sala considera que una interpretación teleológica y amplia de dicha expresión incluye «(...) **tanto a los titulares o beneficiarios de la prestación económica debida, como al progenitor que convive con el hijo o hija mayor de edad y sufraga los gastos no cubiertos por la pensión impagada**, y ello porque los mismos, como ha reconocido de forma reiterada la Sala de lo Civil del Tribunal Supremo, tienen un interés legítimo, jurídicamente digno de protección». Además, continúa refiriendo la sentencia: «(...) no existe duda de que el progenitor conviviente con el alimentista es una de las personas que soporta las consecuencias inmediatas de la actividad criminal, llevada a cabo por el otro progenitor que impaga la pensión alimenticia a los hijos, por lo que debe ser considerado agraviado a los efectos de tener legitimación para formular la preceptiva denuncia e instar así su pago en vía penal».

Responsabilidad civil derivada del delito

La responsabilidad civil derivada del delito está condicionada por los hechos por los que se sustenta y por los elementos esenciales exigibles, por lo que no se van a poder incluir, dentro de la misma, períodos en los que no se haya acreditado que el incumplimiento del acusado es voluntario. Sin embargo, sí pueden constituir una deuda de carácter civil, pero no de responsabilidad civil derivada del delito ya que requiere la omisión voluntaria.

La reforma del artículo 227.3 del Código Penal puso fin a la interpretación que se había venido haciendo del precepto, ya que se consideraba por juzgados y tribunales que dicho delito no llevaba aparejada responsabilidad civil alguna por el pago de las pensiones debidas, por lo que se entendía que estas eran la causa del delito y no una consecuencia. A raíz de la nueva redacción, se acabó la controversia. En consecuencia, **el *quantum* de las cantidades adeudadas constituyen una de las partidas de la responsabilidad civil del delito, si bien, esto no va a excluir la posible indemnización por daños y perjuicios producidos por la comisión del delito, que será resarcibles conforme a los artículos 109 y siguientes del Código Penal.**

Ahora bien, lógicamente cabe precisar que, para que pueda nacer la responsabilidad civil, es necesario que esta no se haya extinguido.

En lo que al ámbito penal se refiere, el artículo 131 del Código Penal señala un plazo de cinco años para la prescripción del delito de abandono de familia por impago de pensiones, si bien, al encontrarnos ante un delito de naturaleza permanente, la prescripción del delito comenzará a contar desde el día que cese la conducta o se elimine la situación ilícita (artículo 132 del CP). Así pues, si el obligado al pago deja de abonar la pensión de alimentos a los hijos en enero del año 2015, y el otro progenitor interpone denuncia en enero del 2021, si el delito de abandono de familia no tuviera tal naturaleza y fuese un delito permanente, el delito podría considerarse prescrito dado que, desde que se cometen los hechos (enero de 2015) hasta que se interpone la denuncia (enero de 2021), han pasado más de 5 años. Sin embargo, **la naturaleza permanente del delito objeto de estudio hace que su plazo de prescripción empiece a contar desde el día en que se hubiera eliminado la situación ilícita** (circunstancia que obviamente no ha ocurrido).

Ahora bien, **ello no modifica el plazo de prescripción de la acción civil derivada del impago del impago de pensiones y del deber de reparación del daño** dado que, tal y como manifiesta la **sentencia de la Audiencia Provincial de Bilbao n.º 90238/2020, de 1 de diciembre, ECLI:ES:APBI:2020:3143**, el deber de reparación del daño, mediante el pago de la cuantía adeudada a que se refiere el artículo 227.3 del Código Penal, debe ser de cinco años, y ello en atención a las siguientes razones:

> «(...) a) la responsabilidad civil del delito del art. 227 CP no nace realmente de la condena por el delito en sí, sino del incumplimiento de la prestación civil económica debida, por haber sido establecida en una resolución judicial. Es decir, en realidad la prestación civil es previa y preexistente al ilícito penal, pues el delito solo se produce y surge cuando se deja de abonar la prestación económica debida y fijada en una previa resolución civil. Lo que establece la obligación de reparar el daño no es la comisión del delito, sino que es al revés, lo que establece un ilícito penal es la resolución previa civil, y sólo el dejar de pagar dos meses consecutivos o cuatro alternos (art. 227.1 CP) es lo que determina el nacimiento del delito, pero la obligación civil era previa y nació cuando se incumplió lo resuelto en la sentencia que estableció la debida prestación alimenticia; y b) no tendría sentido ni coherencia interna que la acción para reclamar las pensiones alimenticias debidas fuera imprescriptible (delito permanente), si se sigue causa penal, y si no concurre delito (menos de dos mensualidades o de cuatro alternas) o no se presentase denuncia penal, como permite el art. 228 CP, dicha acción prescribiera en el plazo de cinco años (art. 1966 CC), puesto que el título del que deriva la responsabilidad es exactamente el mismo, esto es la sentencia judicial o convenio homologado judicialmente».

Así pues, siguiendo con el supuesto arriba expuesto, el *quantum* de la responsabilidad civil derivada del delito del impago de pensiones, desde enero de 2015 a enero de 2021, solo alcanzará a las cantidades adeudadas desde enero de 2016.

CUESTIÓN

¿Podremos volver a interponer denuncia contra un alimentante que ya ha sido condenado como autor responsable de un delito de abandono del hogar por impago de alimentos si la conducta de impago persiste tras el dictado de la sentencia?

Sí. Ello es debido a que los incumplimientos producidos con posterioridad a la fecha del periodo de enjuiciamiento delimitado en el escrito de conclusiones definitivas no conforman el objeto procesal del proceso penal. Por ello, los impagos posteriores constituirán nuevas omisiones no enjuiciadas sin que, en ningún caso, los nuevos incumplimientos puedan ser considerados como cosa juzgada, sino al contrario, dado que, en su caso, evidenciarán la renovación del dolo por parte del sujeto activo a los efectos de otro pronunciamiento.

9.2. Delito de impago de la pensión compensatoria

Impago de la pensión compensatoria

El impago de la pensión compensatoria se incardina **dentro de los delitos de abandono de familia**, menores o personas con discapacidad necesitadas de especial protección, recogidos en la sección 3.ª del capítulo III del título XII del libro II del Código Penal.

Es a través del artículo 227 del Código Penal que nuestro legislador castiga, con la pena de **prisión de tres meses a un año o multa de seis a 24 meses,** a todo aquel que deje de pagar durante dos meses consecutivos o cuatro no consecutivos cualquier tipo de prestación económica en favor de su cónyuge establecida en convenio judicialmente aprobado o resolución judicial.

El bien jurídico protegido es el mismo que en todo el título XII, es decir, las relaciones familiares. Dentro de estas, el delito se refiere más concretamente a las obligaciones de prestar asistencia que necesitan a los hijos o cónyuge, fijadas por una resolución judicial.

¿Qué elementos son necesarios para que se constituya el tipo penal?

La sentencia del Tribunal Supremo n.º 937/2007, de 21 de noviembre, ECLI:ES:TS:2007:7630, expone los elementos necesarios para que se constituya el tipo penal tratado:

- Que una **resolución de naturaleza judicial establezca la obligación de prestación económica,** y que dicha resolución **sea dictada dentro de los procesos** a los que el tipo penal hace referencia (aprobando un convenio o en los de separación, divorcio, nulidad, sobre filiación o sobre alimentos, en este caso circunscrito a los exigidos a favor de hijos).

- La realidad de la **no realización del pago de esa prestación,** en los tiempos y cuantía que el tipo penal refleja.

- La **posibilidad de que dicho pago pueda ser realizado por el obligado** *(in necesitate nemo tenetur)* sin que, sin embargo, se requiera una situación de necesidad por parte del que tiene derecho a la prestación ni que se derive para este perjuicio alguno diverso del de la no percepción de la prestación, tratándose de un delito de mera inactividad.

- El **conocimiento de la resolución judicial unido a la voluntad de no realizar el pago,** cuya voluntad se estima ausente en los supuestos de imposibilidad de hacer efectiva la prestación, lo que le aleja del reproche de delito que instaure la prisión por deudas.

Estos elementos deben completarse en un doble sentido, como entiende la **sentencia de la Audiencia Provincial de Madrid n.° 625/2015, de 22 de septiembre, ECLI:ES:APM:2015:13308:**

- En los **casos de cumplimiento parcial del débito económico** debe rechazarse cualquier automatismo que convierta en acción típica todo lo que no sea un íntegro y total cumplimiento de la prestación económica.

- De la inexistencia del delito en los **casos de imposibilidad de pago** no se sigue que la acusación deba probar, además de la resolución judicial y de la conducta omisiva, la disponibilidad de medios bastantes por el acusado para pagar. Ello no impide que este pueda probar **la concurrencia de circunstancias que hayan hecho imposible el pago, acreditándose así la ausencia de dolo en el impago de la prestación debida.**

A TENER EN CUENTA. Necesidad de denuncia previa: el artículo 228 del Código Penal establece que el delito de abandono de familia por impago de pensiones solo será perseguible previa denuncia de la persona agraviada o de su representante legal.

CUESTIONES

1. ¿Qué órgano ostentará la competencia territorial?

Al constituir el delito de impago de pensiones un delito de omisión, la competencia viene determinada por el lugar donde debe cumplimentarse la obligación que, en estos casos, no es otro que el fijado en convenio o resolución judicial al respecto y en su defecto el del domicilio de quien debe de recibir las cantidades adeudadas (**ATS, rec. 20681/2020, de 28 de abril, ECLI:ES:TS:2021:5819A,** entre otros muchos).

2. ¿Podremos volver a interponer denuncia contra el excónyuge que ya ha sido condenado como autor responsable de un delito de abandono del hogar por impago de la pensión compensatoria si la conducta de impago persiste tras el dictado de la sentencia?

Sí. Ello es debido a que los incumplimientos producidos con posterioridad a la fecha del periodo de enjuiciamiento delimitado en el escrito de conclusiones definitivas no conforman el objeto procesal del proceso penal. Por ello, los impagos posteriores constituirán nuevas omisiones no enjuiciadas sin que, en ningún caso, los nuevos incumplimientos puedan ser considerados como cosa juzgada, sino al contrario, dado que, en su caso, evidenciarán la renovación del do o por parte del sujeto activo a los efectos de otro pronunciamiento.

A TENER EN CUENTA. Del delito de impago de la pensión compensatoria al excónyuge se derivará la responsabilidad civil correspondiente. Remitimos su explicación a lo expuesto en el apartado anterior sobre la responsabilidad civil derivada del impago de pensiones alimenticias.

CUESTIÓN

¿Podremos volver a interponer denuncia contra el excónyuge que ya ha sido condenado como autor responsable de un delito de abandono del hogar por impago de la pensión compensatoria si la conducta de impago persiste tras el dictado de la sentencia?

Sí. Ello es debido a que los incumplimientos producidos con posterioridad a la fecha del periodo de enjuiciamiento delimitado en el escrito de conclusiones definitivas no conforman el objeto procesal del proceso penal. Por ello, los impagos posteriores constituirán nuevas omisiones no enjuiciadas sin que, en ningún caso, los nuevos incumplimientos puedan ser considerados como cosa juzgada, sino al contrario, dado que, en su caso, evidenciarán la renovación del dolo por parte del sujeto activo a los efectos de otro pronunciamiento.

ANEXO I.
CASOS PRÁCTICOS

Caso práctico | ¿Es un delito no llevar a tu hijo al médico si tiene síntomas graves?

PLANTEAMIENTO

¿Si no llevo a mi hijo al médico cuando tiene síntomas graves, estoy cometiendo un delito?

RESPUESTA

Sí, esta conducta puede constituir un delito de incumplimiento de los deberes legales de asistencia, regulado en el artículo 226 del Código Penal.

La sentencia del Tribunal Supremo n.º 730/2011, de 12 de julio, ECLI:ES:TS:2011:4829, resuelve un supuesto de características similares: una madre convive con su pareja de hecho y su hija menor (de una relación anterior). La menor, de ocho años, comienza a mostrar en el entorno escolar signos evidentes y alarmantes de nerviosismo, ansiedad, hiperactividad y, en general, una conducta anómala. El centro educativo realizó avisos reiterados a la madre e incluso mantuvieron una entrevista con esta. Ninguno de los adultos acudió con la menor al médico ni tomó medida alguna ante la advertencia de los profesionales del centro escolar. Posteriormente, acude la madre acompañada de la menor a un centro de salud (por circunstancias ajenas). La menor es reconocida por el personal sanitario, el cual le realiza diferentes pruebas que concluyen evidenciando la presencia de cocaína en el organismo de la niña. Se constató, además, que la menor consumía dicha sustancia de forma habitual y prolongada por al menos un periodo de tres meses. Ante esta situación, la Dirección General de Atención a la Infancia declara la situación de desamparo preventiva y suspende la patria potestad de la madre.

Se inicia proceso penal contra la madre y su pareja de hecho. La Audiencia Provincial de Barcelona absuelve a los sujetos de delito contra la salud pública y de lesiones, por falta de prueba de autoría individual, pero son condenados por el delito de **abandono de menores** (artículo 229 del Código Penal), al considerar que, pese teniendo bajo su cuidado a la menor, no le proporcionaron la atención médica necesaria, desatendiendo los signos claros de peligro para la salud de la niña, omitiendo gravemente su deber de protegerla.

Sin embargo, el **Tribunal Supremo** sentencia que la conducta no constituye un delito de abandono de menores, sino un delito de **incumplimiento de los deberes legales de asistencia**, ya que se consideró acreditado que los adultos sí se ocupaban de la menor en lo relativo a su alimentación, vestimenta, aseo, educación... pero, como resulta evidente, no tomaron medidas ante los alarmantes síntomas que exigían asistencia médica. Así pues, esta conducta constituye un ejercicio inadecuado de los deberes de patria potestad y guarda, encajando el supuesto en el tipo penal del artículo 226 del Código Penal, y no en el artículo 229 del Código Penal.

Tal y como se observa en el caso recogido por la sentencia, existe una diferencia entre el delito de incumplimiento de los deberes legales de asistencia y el abandono de menores. El primer tipo delictivo castiga un incumplimiento doloso de los deberes inherentes a la patria potestad, tutela o guarda. En cambio, el abandono de menores exige una mayor gravedad de los hechos, que generen un riesgo intenso y duradero para el menor, generalmente rompiendo totalmente la convivencia. Por tanto, si no se cesa en la custodia ni se abandona físicamente a un menor no se castigarán los hechos como un delito de abandono. Siempre que se cumplan otros deberes y solo se omita uno de ellos (cumplimiento parcial), se castigará por el delito de incumplimiento de los deberes legales de asistencia.

Caso práctico | ¿Puedo denunciar al padre de mi hijo por no pagar la pensión de alimentos?

PLANTEAMIENTO

¿Puedo reclamar el impago de la pensión de alimentos de mi hijo mayor de edad con discapacidad?

RESPUESTA

Sí. En este caso la madre tiene legitimación para interponer la denuncia.

La sentencia del Tribunal Supremo n.º 557/2020, de 29 de octubre, ECLI:ES:TS:2020:3554, resuelve un caso de estas circunstancias. El padre de un mayor de un chico mayor de edad con discapacidad, fue obligado por sentencia judicial a abonar una pensión de alimentos de 200 euros mensuales a aquél, con un grado de discapacidad psíquica del 70 %. El hijo convive con su madre la cual asume la totalidad de las necesidades de su hijo por no recibir ayuda económica del padre desde hace años. Ante la persistencia del impago de la pensión, es la madre quién interpone denuncia por delito de impago de pensiones alimenticias. La parte demandada solicita archivo de la demanda ya que, al ser el hijo mayor de edad, solo él podría interponer la denuncia, conforme al artículo 228 del Código Penal.

El Tribunal Supremo establece que, en los casos en los que el alimentista sea mayor de edad pero padezca una discapacidad que requiere especial protección, la denuncia formulada por el progenitor conviviente es válida y plenamente eficaz. Aun con todo, recuerda el TS que este defecto es subsanable mediante la ratificación de la denuncia por parte del hijo en sede judicial.

A mayores, el Alto Tribunal advierte que la madre, al hacerse cargo de todos los cuidados de su hijo sufragar los gastos no cubiertos por la pensión, ostenta un interés legítimo para instar la persecución penal del impago. Es por ello por o que el artículo 228 del Código Penal debe de interpretarse de manera amplia, permitiendo que el progenitor conviviente denuncie el impago en beneficio del hijo mayor de edad con discapacidad.

Caso práctico | ¿En qué responsabilidades penales pueden incurrir una mujer y su matrona en caso de suposición de parto con falsedad documental?

PLANTEAMIENTO

Marta, una mujer que no ha estado embarazada, desea tener un hijo que legalmente sea considerado suyo, por lo que, con la ayuda de una matrona amiga que conoce sus intenciones, presenta a un recién nacido, hijo de otra mujer, como si fuera fruto de su propio parto. La matrona colabora simulando el alumbramiento en el domicilio de Marta e incluso emite un certificado médico falso indicando que Marta ha dado a luz.

¿Qué responsabilidades penales pueden derivarse de los hechos relatados para Marta y la matrona, conforme a la regulación del delito de supcsición de parto expuesta en el documento?

RESPUESTA

Las dos son responsables penales por delito de **suposición de parto**, a la luz de lo dispuesto en los art. 220.1 y 222 del CP, al haber simulado un parto con conocimiento y voluntad de alterar la filiación del nacido.

- **Marta**: sujeto activo principal, realiza actos reales de simulación del parto, presenta al niño como propio y persigue alterar la verdad biológica y jurídica de la filiación. Su conducta encaja en el tipo objetivo y subjetivo (dolo) del delito de suposición de parto.
    - En virtud del apartado 1 del art. 220 del CP, Marta será castigada con la pena de **prisión** de seis meses a dos años.
    - En aplicación del apartado 4 del art. 220 del CP, por ser la madre, podrá imponérsele además la pena de **inhabilitación especial** para el ejercicio del derecho de **patria potestad** sobre el hijo supuesto y, en su caso, sobre el resto de hijos o descendientes por tiempo de cuatro a diez años.
- **La matrona**: también es penalmente responsable. La **pena de prisión** prevista en el art. 220.1 del CP —de seis meses a dos años— se le aplicará **agravada** con la de inhabilitación especial para empleo o cargo público, profesión u oficio, de dos a seis años, prevista en el art. 222 del CP.

Al emitir dolosamente un certificado falso, incurrirá en un delito de falsedad de certificados del art. 397 del CP, castigado con la pena de multa de tres a doce meses, que, dependiendo de las circunstancias específicas del caso y de la interpretación doctrinal, podría llegar a aplicarse en concurso medial con el delito de suposición de parto.

Según la **STS n.º 286/2020, de 4 de junio, ECLI:ES:TS:2020:2503**, «Alguna sentencia de esta Sala y sectores doctrinales solventes parecen dudar de la incardinabilidad de ese tipo de situaciones en la suposición de parto limitando la sanción a la falsedad. Tampoco faltan posturas doctrinales que propugnan como solución penal la subsunción de la suposición de parto en la falsedad; otros también una absorción pero en el sentido justamente inverso. Y, por fin, en tesis también extendida la formación de un concurso medial como ha construido la sentencia del Tribunal a quo». En caso de concurso medial, en virtud del art. 77.3 del CP, se impondría una pena superior a la que habría correspondido en el caso concreto por la suposición de parto, no pudiendo exceder de la suma de las penas concretas impuestas separadamente por cada uno de los delitos.

Caso práctico | ¿Qué consecuencias penales enfrenta cada uno de los participantes en una adopción ilegal del art. 221 del CP?

PLANTEAMIENTO

Por dificultades económicas, Yolanda, residente en España, acuerda entregar a su hijo recién nacido a una pareja a cambio de 10.000 euros, evitando los trámites legales de adopción o acogimiento. La entrega se realiza en una escuela pública de Jaén con la intervención de Ernesto, el profesor de educación infantil, quien ha puesto en contacto a las partes.

¿Son los sujetos implicados responsables de algún delito? Si lo son, ¿a qué penas enfrentan?

RESPUESTA

Sí. **Las tres partes implicadas** —Yolanda, la pareja y Ernesto— **son responsables penales** del delito de tráfico ilegal o compraventa de menores del art. 221 del CP. Estos enfrentarán las **penas** correspondientes según su participación en los hechos.

Yolanda, la madre biológica:

- Prisión de 1 a 5 años, ex art. 221.1 del CP.
- Inhabilitación especial para el ejercicio de:
  - Patria potestad, tutela, curatela o guarda de 4 a 10 años, ex art. 221.1 del CP.
  - Actividades de guardería, colegio u otros locales o establecimientos donde se recojan niños, por tiempo de 2 a 6 años, ex art. 221.3 del CP.

La pareja que recibe al menor:

- Prisión de 1 a 5 años, ex art. 221.2 del CP.
- Inhabilitación especial para el ejercicio de:
  - Patria potestad, tutela, curatela o guarda de 4 a 10 años, ex art. 221.2 del CP.
  - Actividades de guardería, colegio u otros locales o establecimientos donde se recojan niños, por tiempo de 2 a 6 años, ex art. 221.3 del CP.

Ernesto, el profesor intermediario:

- Prisión de 1 a 5 años, ex art. 221.2 del CP.
- Inhabilitación especial para el ejercicio de:
  - Patria potestad, tutela, curatela o guarda de 4 a 10 años, ex art. 221.2 del CP.
  - Actividades de guardería, colegio u otros locales o establecimientos donde se recojan niños, por tiempo de 2 a 6 años, ex art. 221.3 del CP.

– Empleo o cargo público, profesión u oficio, de 2 a 6 años, en aplicación del párrafo primero del art. 222 del CP.

En virtud del art. 221.3 in fine, **la sentencia podrá acordar la clausura** temporal —por un plazo no superior a 5 años—o definitiva **de la escuela** en la que se produjo la entrega del menor.

Caso práctico | ¿A qué órgano corresponde investigar un delito de abandono familiar por impago de pensión alimenticia (art. 227 del CP)?

PLANTEAMIENTO

Una pareja, divorciada desde hace cinco años, tiene un hijo de siete fruto del matrimonio. En virtud de la sentencia de divorcio, el progenitor debe pagar una pensión alimenticia a favor de su hijo por importe de 800 euros al mes; sin embargo, hace un año que se niega a cumplir con su obligación de pago. Aunque aquél alega dificultades económicas, es de dominio público que ha ganado tres millones de euros netos en un concurso de televisión y que se ha comprado un coche de alta gama de setenta mil euros.

La madre del menor denuncia los hechos y se inicia un proceso penal en el que interviene el Ministerio Fiscal. ¿En qué tipo penal puede encajar la conducta del progenitor? ¿Cuál es el órgano jurisdiccional competente para instruir la causa?

RESPUESTA

La conducta del padre del menor puede ser constitutiva de un **de ito de abandono de familia por impago de prestación alimenticia** del art. 227.1 del CP, cuyo bien jurídico protegido no es el cumplimiento de una resolución judicial, sino el derecho de asistencia económica del hijo menor.

En aplicación del artículo 89 bis.5 b) de la LOPJ, la competencia para conocer del delito corresponde a la **Sección de Instrucción** o a la **Sección de Violencia contra la Infancia y Adolescencia** —en caso de existir—, pues el sujeto pasivo del tipo penal es el menor, sin perjuicio de que la madre del menor esté legitimada para denunciar el impago de la pensión alimenticia de su hijo (**STS n.° 557/2020, de 28 de octubre, ECLI:ES:TS:2020:3554**).

La Sección de Violencia contra la Infancia y Adolescencia es la competente para instruir los procesos de responsabilidad penal por delitos contra las relaciones familiares cuando la víctima sea menor. En ausencia de Sección de Violencia sobre la Infancia y Adolescencia, la competencia recaería en la Sección de Instrucción.

Caso práctico | ¿Cuándo es delito el impago de la pensión compensatoria y qué órgano jurisdiccional se encarga de su investigación?

PLANTEAMIENTO

Luis, tras su divorcio, fue condenado a pagar una pensión compensatoria de 500 euros mensuales a favor de su excónyuge, según lo establecido en la resolución judicial. Sin embargo, durante los últimos seis meses, Luis ha dejado de abonar dicha pensión en los meses de enero, marzo, mayo y agosto. Ante esta situación, su excónyuge se pregunta si es viable reclamar por la vía penal. En su caso, ¿a qué órgano jurisdiccional corresponde su investigación?

RESPUESTA

Sí, la denuncia es viable. En este caso, Luis ha dejado de pagar la pensión compensatoria durante cuatro meses no consecutivos (enero, marzo, mayo y agosto), lo que encaja en el tipo del art. 227 del CP y tiene trascendencia penal.

Luis podría enfrentarse a una pena de prisión de 3 meses a 1 año, o multa de 6 a 24 meses, y la reparación del daño implicará necesariamente el abono de las cantidades adeudadas.

Al tratarse de una pensión compensatoria a favor de la mujer, la competencia para conocer del asunto correspondería a la Sección de Violencia sobre la Mujer, según lo dispuesto en el artículo 89 de la Ley Orgánica del Poder Judicial, apartado 5, letra b).

Caso práctico | ¿Qué órgano instruirá la causa por abandono de familia en caso de denuncia conjunta de impagos de las pensiones alimenticia y compensatoria?

PLANTEAMIENTO

Una pareja se divorció en virtud de una sentencia judicial firme en la que se estableció la obligación del exmarido de abonar a la exmujer una pensión compensatoria de 200 euros mensuales y una pensión alimenticia de 800 euros mensuales a favor de la hija menor de ambos, actualizables anualmente conforme al IPC.

Durante los dos primeros años, el exmarido cumplió con los pagos. Sin embargo, desde hace un año, dejó de abonar la pensión compensatoria y la actualización por IPC de la pensión alimenticia, abonando únicamente la cantidad principal de alimentos. Ante esa situación, la exmujer se plantea si el impago conjunto de la pensión compensatoria y de la actualización de la pensión alimenticia puede ser denunciable por la vía penal. En tal caso ¿a qué órgano compete investigarlo?

RESPUESTA

Ambas clases de pensión son subsumibles en el tipo penal del artículo 227 del CP, que sanciona el impago de cualquier tipo de prestación económica establecida en favor del cónyuge o los hijos por resolución judicial, incluidos:

- La pensión alimenticia a favor de los hijos (en especial si son menores).
- La pensión compensatoria a favor del excónyuge,

Como aclara la **STS n. 41/2024, de 17 de enero, ECLI:ES:TS:2024:242**, respecto a la **actualización** de la pensión alimenticia conforme al IPC, **el impago de cantidades fijadas en resolución judicial, incluidas las actualizaciones, puede integrar el delito si la cantidad es líquida, vencida y exigible y el obligado, pudiendo pagar, no lo hace**. En el supuesto planteado, Fernando ha dejado de abonar la pensión compensatoria totalmente durante un año y no ha pagado la actualización por IPC de la pensión alimenticia durante el mismo periodo, aunque sí abona la parte principal de los alimentos.

Cabe delimitar la trascendencia penal de cada obligación incumplida:

- Pensión compensatoria impagada: el impago durante un año existiendo obligación judicial y siempre que concurra capacidad de pago, es denunciable penalmente conforme al art. 227 del CP y conforme a la doctrina del Supremo.
- Impago de la actualización por IPC de la pensión alimenticia: el impago reiterado y voluntario de la actualización —que forma parte integrante de la cantidad fijada judicialmente— también es denunciable penalmente, ya que constituye una parte líquida, vencida y exigible de la obligación alimenticia.
- Abono parcial de la prestación (sólo parte principal de alimentos): si el impago de la actualización supone dejar de abonar una parte esencial y la cuantía debida supera los umbrales temporales del art. 227 del CP, el Tribunal Supremo, en la citada sentencia, admite que puede configurarse igualmente el delito.

El **órgano competente para la instrucción** del procedimiento, **cuando se denuncie de forma conjunta el impago de la pensión compensatoria y la de alimentos** de los hijos, en aplicación de lo dispuesto en el apartado 7 del artículo 89 bis LOPJ, será la **Sección de Violencia sobre la Mujer**, con base en lo dispuesto en el apartado 7 del artículo 14 de la LECrim, que dispone que «en caso de que los hechos objeto de instrucción por la Sección de Violencia contra la Infancia y Adolescencia también pudieran ser conocidos por la Sección de Violencia sobre la Mujer, la competencia le corresponderá en todo caso a la segunda».

Caso práctico | ¿Comete delito de «inducción» del art. 224 CP quien no disuade a su hijo menor de la decisión de no regresar con el progenitor custodio?

PLANTEAMIENTO

Antonio y Beatriz están divorciados. La autoridad judicial ha fijado un régimen de custodia exclusiva a favor de Beatriz respecto de su hija menor, Lucía. En una de las estancias semanales con Antonio, Lucía le expresa su deseo de quedarse a vivir con él de forma permanente y no volver con su madre. Antonio, lejos de persuadirla activamente o animarla, no interviene y simplemente le dice que él aceptará cualquier decisión que ella tome. Finalmente, Lucía decide por sí sola no regresar al domicilio materno tras la estancia, permaneciendo con su padre durante varias semanas sin que Antonio haga nada para devolverla.

¿La conducta de Antonio podría ser constitutiva de un delito de inducción de menores a infringir el régimen de custodia establecido por la autoridad judicial o administrativa (art. 224 del Código Penal, en su párrafo segundo)?

RESPUESTA

No. Antonio no será responsable penalmente por este tipo delictivo si su implicación se reduce a la mera omisión, sin actos positivos de inducción o persuasión activa. Como progenitor, Antonio no realiza una conducta activa de inducción para que su hija menor infrinja el régimen de custodia establecido judicialmente, sino que mantiene una actitud pasiva ante la decisión de la menor. Conforme a la doctrina expresada en la **SAP de Salamanca n.º 68/2006, de 11 de septiembre, ECLI:ES:APSA:2006:601**, en el caso del progenitor que induce a infringir el régimen de custodia, no es punible la mera omisión o pasividad. Para la comisión del delito previsto en el artículo 224 del Código Penal, párrafo segundo, se requiere un acto de persuasión activa por parte del progenitor, no bastando con no colaborar o permanecer indiferente ante la decisión del menor.

Por tanto, en ausencia de una conducta activa de persuasión por parte de Antonio, no se configura el tipo penal de inducción del menor a infringir el régimen de custodia, ya que la pasividad o no impedimento no es suficiente para la tipificación del delito en este supuesto.

Caso práctico | ¿Cuándo incurre en responsabilidad penal el progenitor no custodio que se lleva al menor aprovechando el régimen de visitas?

PLANTEAMIENTO

Juan y Marta se divorciaron hace un año. En la sentencia de divorcio se otorgó la custodia de su hijo menor, Pedro (de 8 años), a Marta, estableciéndose un régimen de visitas a favor de Juan consistente en fines de semana alternos. Aprovechando su último período de visitas, Juan decide quedarse con Pedro sin devolvérselo a Marta el domingo como corresponde, y se traslada con él a otra provincia, sin comunicar a Marta el nuevo domicilio ni atender sus llamadas. Marta está preocupada porque han pasado varios días sin noticias de su hijo y su abogada le recomienda presentar una denuncia contra Juan por sustracción de menores del art. 225 bis del CP.

1. ¿La denuncia es viable? Y, en su caso, ¿a qué pena se puede enfrentar Juan?

2. ¿Cuál será la responsabilidad penal de Juan si hubiera restituido a Pedro a su madre en menos de 24 horas?

RESPUESTA

1. Sí, la denuncia procede porque la conducta de Juan se ajusta a lo previsto en el artículo 225 bis del Código Penal, que castiga al progenitor que sustrajera a su hijo menor sin causa justificada. La sustracción puede consistir tanto en el traslado del menor a otro lugar sin consentimiento del custodio como en la retención incumpliendo gravemente una resolución judicial que regula la custodia. En este caso, Juan ha realizado ambos comportamientos: por un lado, ha retenido al menor incumpliendo con la obligación de devolverlo en el plazo previsto; por otro, ha trasladado al menor fuera de su lugar de residencia habitual, agravando la conducta al ocultar el paradero.

El delito exige, como condición objetiva de punibilidad, que la acción tenga vocación de permanencia, es decir, que la conducta no sea meramente temporal sino que pretenda alterar el régimen de custodia de manera prolongada, lo cual se aprecia en el caso expuesto por la ocultación del menor y la falta de comunicación a la madre.

Juan se enfrenta a pena de prisión de 2 a 4 años e inhabilitación especial para el ejercicio de la patria potestad por tiempo de 4 a 10 años.

2. Si Juan hubiera restituido al menor en menos de 24 horas y comunicado su paradero, habría quedado exento de responsabilidad penal en virtud del apartado 4 del art. 225 bis del CP.

ANEXO II.
FORMULARIOS

Escrito de acusación de delito de impago de pensión compensatoria

> **A TENER EN CUENTA**. Por la reforma realizada por la LO 1/2025, de 2 de enero, una vez implantados de forma efectiva los tribunales de instancia (D.T. 1.ª), todas las referencias realizadas a los juzgados unipersonales se entenderán realizadas a las secciones del orden jurisdiccional correspondiente de los tribunales de instancia. En este caso, el art. 88 de la LOPJ atribuye esta materia a la sección de instrucción o sección única.

PROCEDIMIENTO [ESPECIFICAINR]

NÚMERO DE AUTOS [NÚMERO]

AL JUZGADO DE INSTRUCCIÓN N.º [NÚMERO] **DE** [CIUDAD]**/SECCIÓN DE INSTRUCCIÓN DEL TRIBUNAL DE INSTANCIA DE** [ESPECIFICAR] **(5)**

D./D.ª [NOMBRE_PROCURADOR_CLIENTE], procurador de los Tribunales, en nombre y representación de D./D.ª [NOMBRE_CLIENTE], tal y como consta debidamente acreditado en autos [NÚMERO], con la asistencia del/de la letrado/a D./D.ª [NOMBRE_ABOGADO_CLIENTE], con n.º de colegiado/a [NÚMERO], ante el juzgado/la sección comparezco y como mejor proceda en derecho,

DIGO

Que por medio del presente escrito y dentro del plazo conferido al efecto venimos a evacuar el traslado que nos ha sido efectuado a los fines de lo dispuesto en el artículo 780.1 de la Ley de Enjuiciamiento Criminal, solicitando la APERTURA DE JUICIO ORAL y formulando ESCRITO DE ACUSACIÓN contra D./D.ª [NOMBRE_PARTECONTRARIA], cuyas demás circunstancias obran debidamente acreditadas en el seno del presente procedimiento [NÚMERO DE AUTO] y formulando, con carácter provisional, las siguientes,

CONCLUSIONES

PRIMERA.- De la instrucción del procedimiento han quedado perfectamente acreditados los siguientes extremos:

- Que mi representado y el querellado D./D.ª [NOMBRE_INVESTIGADO] contrajeron matrimonio civil/canónico en [LUGAR], el día [FECHA], inscrito en el Registro Civil de [LOCALIDAD], tomo [NÚMERO], y página [NÚMERO].

- Mediante demanda de separación/divorcio presentada en los juzgados de esta localidad, se tramitó procedimiento con número [NÚMERO], ante el Juzgado de 1.º Instancia n.º [NÚMERO] que decretó la separación/divorcio mediante sentencia de fecha [FECHA SENTENCIA] en la que se establecía una pensión compensatoria a favor de [NOMBRE_CLIENTE] y con cargo a [NOMBRE_INVESTIGADO] en la cantidad de [CANTIDAD] euros, dentro de los cinco primeros días del mes, y actualizable anualmente según el IPC que señale el

Instituto de Estadística u organismo que lo sustituya, pagadero en el siguiente n.º de cuenta [NÚMERO].

- Que [NOMBRE_INVESTIGADO], ha dejado de satisfacer la debida pensión compensatoria desde la fecha [FECHA] a [FECHA], ascendiendo, a fecha de la presente, la cantidad total adeudada a la cantidad de [CUANTÍA EN EUROS] **(1)**.

- Que tal y como fácilmente puede deducirse de la instrucción practica D./D.ª [NOMBRE_INVESTIGADO], tenía perfecto conocimiento de la obligación que sobre él pesaba de efectuar el pago de las anteriores cantidades y con voluntad de incumplirla, dejó de satisfacerlas, pese a tener capacidad económica para ello, no existiendo excusa alguna para no cumplir dicho mandato judicial en vigor, mostrando una voluntad renuente y obstativa al pago **(2)**.

SEGUNDA.- Los hechos descritos son constitutivos de un DELITO DE ABANDONO DE FAMILIA previsto y penado en el artículo 227, apartados 1 y 3 del Código Penal.

TERCERA.- De los delitos descritos anteriormente es responsable D. [NOMBRE_INVESTIGADO], en concepto de autor.

CUARTA.- Que en el concreto caso que nos ocupa no concurren circunstancias agravantes, atenuantes o eximentes de la responsabilidad criminal.

QUINTA.- Que procede imponerle al investigado, por el delito de la pena de: **(3)** [ESPECIFICAR_PENA], accesorias y costas.

SEXTA.- En lo que concierne a la responsabilidad civil y en base a los hechos descritos, el acusado deberá indemnizar a mi representado en la cantidad dejada de abonar como pensión compensatoria que, a fecha actual alcanza la cifra de [CUANTÍA] euros, cantidad que deberá ser incrementada con los intereses legalmente previstos **(4)**. Asimismo, deberá indemnizar a mi representada, en la cantidad de [CUANTÍA] euros, en concepto de daños y perjuicios conforme a lo establecido en los artículos 109 y siguientes del Código Penal.

Por lo expuesto,

SUPLICO AL JUZGADO/A LA SECCIÓN:

Que teniendo por presentado este escrito, con los documentos que al mismo se acompañan, se admita, se tenga por formulada acusación particular contra [NOMBRE_PARTE_CONTRARIA], por cumplido el trámite de calificación y por solicitada la apertura del juicio oral, para que se dicte la consiguiente sentencia condenatoria con la expresa imposición de costas al acusado.

Por ser justicia que se pide en [LUGAR], a [DIA], [MES], [AÑO].

Letrado D./D.ª [NOMBRE]

[NUMEROCOLEGIADO ABOGADO_CLIENTE]

Procurador D./D.ª [NOMBRE]

[NUMEROCOLEGIADO_PROCURADOR_CLIENTE]

---

(1) Se recomienda llevar a cabo un desglose mensual de las cantidades debidas hasta la fecha, con específica inclusión de la actualización correspondiente conforme al IPC.

(2) Hacer específica alusión a cualquier extremo que, de la instrucción practicada, se verifiquen los datos puestos de manifiesto.

(3) El legislador castiga el delito de abandono de familia por imago de pensiones con pena de prisión de 3 meses a 1 año y multa de 6 a 24 meses.

(4) Podrá optarse, en todo caso, por exigir la responsabilidad civil ante la jurisdicción civil.

(5) Por la reforma realizada por la LO 1/2025, de 2 de enero, una vez implantados de forma efectiva los tribunales de instancia (D.T. 1.ª), todas las referencias realizadas a los juzgados unipersonales se entenderán realizadas a las secciones del orden jurisdiccional correspondiente de los tribunales de instancia. En este caso, el art. 88 de la LOPJ atribuye esta materia a la sección de instrucción o sección única.

Escrito de querella frente a exmarido por delito de impago de pensión compensatoria a exmujer

A TENER EN CUENTA. Por la reforma operada por la LO 1/2025, de 2 de enero, una vez implantados de forma efectiva los tribunales de instancia (D.T. 1.ª), todas las referencias realizadas a los juzgados unipersonales se entenderán hechas a las secciones del orden jurisdiccional correspondiente de los tribunales de instancia.

AL JUZGADO DE VIOLENCIA SOBRE LA MUJER / A LA SECCIÓN DE VIOLENCIA SOBRE LA MUJER DEL TRIBUNAL DE INSTANCIA DE [LOCALIDAD] (1)

D./D.ª [NOMBRE_PROCURADOR_CLIENTE], procurador/a de los tribunales, en nombre y representación de **D.ª** [NOMBRE_CLIENTE], con domicilio en esta ciudad [DOMICILIO_CLIENTE], y provista de DNI n.º [NÚMERO] lo que acredito mediante poder [NOTARIAL/APUD_ACTA] a mi favor conferido, copia del cual adjunto como **documento n.º** [NÚMERO], bajo la dirección letrada de D./D.ª [NOMBRE ABOGADO CLIENTE], con n.º de colegiado/a [NÚMERO] por el ICA de [LUGAR], ante el juzgado / la sección comparezco y, como mejor proceda en derecho, **DIGO:**

Que por medio del presente escrito y de conformidad con el artículo 270 y siguientes de la Ley de Enjuiciamiento Criminal, en relación con los artículos 100 y 101 del mismo cuerpo legal, vengo a formular **QUERELLA** contra D. [NOMBRE_PARTE-CONTRARIA], con DNI n.º [NÚMERO] y domicilio a efectos de notificaciones [DOMICILIO_PARTECONTRARIA], por un **DELITO DE ABANDONO DE FAMILIA por impago de la pensión compensatoria** previsto y penado en el artículo 227 del Código Penal.

En cumplimiento de lo exigido por el artículo 277 de la Ley de Enjuiciamiento Criminal hacemos constar los siguientes datos:

I.- COMPETENCIA

La presente querella se interpone ante el Juzgado de / la Sección de Violencia sobre la Mujer del Tribunal de Instancia de [LOCALIDAD], por haberse cometido los hechos que constituyen el objeto del presente proceso penal dentro del término municipal de [MUNICIPIO] perteneciente a este partido judicial, por lo que resulta atribuida la competencia territorial a los Juzgados de Instrucción de este partido judicial, de conformidad con lo establecido en el artículo 14.2 de la Ley de Enjuiciamiento Criminal.

II.- QUERELLANTE

La persona perjudicada por los hechos objeto de la presente querella y, por tanto, la parte querellante es D.ª [NOMBRE_CLIENTE], vecina de [LOCALIDAD].

Al ser la querellante la ofendida, con arreglo a lo establecido en los artículos 280 y 281 de la Ley de Enjuiciar en lo Penal queda exenta de la obligación de prestar fianza.

III.- QUERELLADO

D. [NOMBRE_QUERELLADO] mayor de edad, con domicilio en [MUNICIPIO_DIRECCIÓN] y titular del Documento Nacional de Identidad [NÚMERO DNI] en concepto de autor de los hechos que más adelante se detallan.

IV.- RELACIÓN DE LOS HECHOS

Los hechos que motivan la querella y que presentan caracteres delictivos son los siguientes:

PRIMERO.- Mi representada y el querellado D. [NOMBRE] contrajeron matrimonio civil/canónico en [LUGAR], el día [FECHA] y consta inscrito en el Registro Civil de [LOCALIDAD], tomo [NÚMERO], y pagina [NÚMERO].

Se acompaña como **documento n.º** [NÚMERO] certificado acreditativo de dicho extremo.

SEGUNDO.- Mediante demanda de divorcio presentada en los Juzgados / la Sección Civil del Tribunal de Instancia de esta localidad, se tramitó procedimiento con n.º [NÚMERO], ante el Juzgado de 1.ª Instancia n.º [NÚMERO] / la Sección Civil del Tribunal de Instancia de [LOCALIDAD], habiendo recaído sentencia n.º [NÚMERO] de fecha [FECHA] en la que, entre otros pronunciamientos, se establece la obligación de que el querellado D. [NOMBRE] pague a nuestra representada, D.ª [NOMBRE_CLIENTE], una pensión compensatoria con carácter indefinido de [INDICAR CUANTÍA] mensuales, actualizables conforme al IPC.

A efectos acreditativos de las manifestaciones arriba referidas se acompaña como **documento n.º** [NÚMERO] copia de la meritada sentencia.

TERCERO.- Desde la firmeza de la mencionada sentencia, el denunciado ha abonado en este concepto la cantidad de [EUROS] correspondiente a las pensiones de los meses de [ESPECIFICAR] a [ESPECIFICAR].

A efectos acreditativos de tales manifestaciones se adjunta como **documento n.º** [NÚMERO], los movimientos de ingreso en la cuenta de mi mandante.

CUARTO.- D. [NOMBRE_DENUNCIADO] ha dejado de satisfacer la pensión compensatoria desde la fecha [FECHA] ascendiendo la cantidad adeudada a [CANTIDAD] euros.

A efectos acreditativos se adjunta como **documento n.º** [NÚMERO], los movimientos bancarios de los referidos meses de la cuenta de nuestro representado.

En virtud de la obligación de actualización de la pensión acorde al IPC la pensión se debería haber incrementado un % resultado una mensualidad de [IMPORTE_EUROS].

En consecuencia, la cantidad total adeuda en concepto de pensión de compensatoria asciende a [CANTIDAD] euros.

QUINTO.- Ante el impago de estas pensiones, y habiendo intentado una resolución extrajudicial, acreditada mediante los **documentos n.º** [NÚMERO] y [NÚMERO], y acuses de recibo positivo de fechas [FECHAS] mi mandante, a través de este letrado, interpone la presente querella dirigida a conseguir la satisfacción del crédito.

V.- DILIGENCIAS A PRACTICAR

Para la comprobación de los hechos que se manifiestan se requieren las siguientes diligencias.

- Declaración de la parte querellada que será citada en [NOMBRE Y DIRECCIÓN].

- Documental, consistente en aportación de los movimientos bancarios de la cuenta de mi representada.
- Se libre atento oficio a la entidad bancaria [NOMBRE_BANCO] para que emita certificado sobre las cuentas de mi mandante de los ingresos recibidos por el querellado desde la fecha en que la sentencia fue firme hasta el día de la interposición de la presente querella.

Ello con arreglo a lo dispuesto en el art. 258 bis LECrim, relativo la celebración de los actos procesales mediante presencia telemática.

Por todo lo expuesto,

SUPLICO:

Que teniendo por presentado este escrito, con sus copias y documentos que se acompañan, se admita y se acuerde tener por formulada QUERELLA por D.ª [NOMBRE_CLIENTE] en concepto de acusación particular, contra D. [NOMBRE_PARTE-CONTRARIA] por un presunto **DELITO DE ABANDONO DE FAMILIA por impago de la pensión compensatoria** tipificado en el artículo 227 del Código Penal, incoándose diligencias previas para la averiguación y constatación de los hechos, ordenado la práctica de las diligencias propuestas y cualquier otra que, a criterio del Juzgado / de la Sección, resulte necesario, con intervención de esta parte, adoptándose las medidas personales de detención y prisión del presunto culpable o la exigencia de fianza de libertad provisional y se acuerde el embargo de sus bienes en la cantidad necesaria en los casos en que así proceda, con lo demás procedente.

En [LOCALIDAD] a [DIA] de [MES] de [AÑO].

Letrado/a D./D.ª [NOMBRE], [NUMEROCOLEGIADO ABOGADO_CLIENTE]

Procurador/a D./D.ª [NOMBRE], [NUMEROCOLEGIADO_PROCURADOR_CLIENTE]

QUERELLANTE D.ª [NOMBRE]

---

(1) Por la reforma operada por la LO 1/2025, de 2 de enero, una vez implantados de forma efectiva los tribunales de instancia (D.T. 1.ª), todas las referencias realizadas a los juzgados unipersonales se entenderán hechas a las secciones del orden jurisdiccional correspondiente de los tribunales de instancia. Cuando la pensión presuntamente impagada ex art. 227 del CP sea la compensatoria establecida a favor de la mujer, la competencia corresponderá a la Sección de Violencia sobre la Mujer, en aplicación de lo dispuesto en la nueva redacción del artículo 89, apartado 5, letra b), de la LOPJ.

Escrito de defensa por delito de impago de pensiones alimenticias

> **A TENER EN CUENTA**. Por la reforma operada por la LO 1/2025, de 2 de enero, una vez implantados de forma efectiva los tribunales de instancia (D.T. 1.ª), todas las referencias realizadas a los juzgados unipersonales se entenderán hechas a las secciones del orden jurisdiccional correspondiente de los tribunales de instancia.

TIPO DE PROCEDIMIENTO [ESPECIFICAR]

NUMERO DE AUTOS: [NUMERO]

AL JUZGADO DE INSTRUCCIÓN N.° [NUMERO] / A LA SECCIÓN DE INSTRUCCIÓN / VIOLENCIA CONTRA LA INFANCIA Y LA ADOLESCENCIA DEL TRIBUNAL DE INSTANCIA DE [LOCALIDAD] (1)

D./D.ª [NOMBRE_PROCURADOR_CLIENTE], Procurador/a de los Tribunales, en nombre y representación de D./D.ª [NOMBRE_CLIENTE], como tengo debidamente acreditado en autos, con la asistencia del/de la Letrado/a D./D.ª [NOMBRE_ABOGA-DO_CLIENTE], con núm. de colegiado/a [NUMEROCOLEGIADO_ABOGADO_CLIEN-TE] como más procedente sea en Derecho ante el Juzgado / la Sección comparezco y **DIGO:**

Evacuando en el plazo concedido el traslado que nos ha sido efectuado a los fines de lo dispuesto en el artículo 784.1 de la Ley de Enjuiciamiento Criminal, por medio del presente escrito vengo a formular ESCRITO DE DEFENSA conforme a los siguientes extremos;

PRIMERO.- Negamos el correlativo primero relativo a los hechos manifestados por la acusación particular así como la acusación por el Ministerio Fiscal, por no haber actuado mi mandante en los términos descritos.

SEGUNDO.- La relación de hechos descrita, no se ajusta a la realidad, por lo que desvirtúa las conclusiones y la tipificación, no existiendo delito alguno.

TERCERO.- Al no existir delito, quedan excluidas formas de participación y circunstancias modificativas.

CUARTO.- Se interesa que se decrete la libre absolución del procesado por ser inocente de los hechos que le inculpan.

QUINTO.- Medios de prueba (2)

1.- Interrogatorio [telemático/presencial] de la parte acusada (3).

2.- Interrogatorio [telemático/presencial] Acusación Particular.

3.- Testifical [telemática/presencial]:

* Testifical Don/Doña [NOMBRE], con domicilio en [DOMICILIO].

SEXTO.- No procede imponer pena alguna y sí acordar la libre absolución del querellado con las consecuencias legales inherentes al pronunciamiento invocado.

Por todo lo expuesto,

SUPLICO:

Que tenga por presentado este escrito de defensa y por evacuado el trámite conferido en el artículo 784.1 de la Ley de Enjuiciamiento Criminal, interesando que se admitan las pruebas propuestas para el acto del juicio y se ordene lo necesario para su práctica.

Por ser justicia en [LUGAR] a [FECHA]

[FIRMA] [FIRMA] [FIRMA]

Ldo. D./D.ª [NOMBRE_LETRADO_CLIENTE]

Proc. D./D.ª [NOMBRE_PROCURADOR]

Encausado/a D./D.ª [NOMBRE]

---

(1) Por la reforma operada por la LO 1/2025, de 2 de enero, una vez implantados de forma efectiva los tribunales de instancia (D.T. 1.ª), todas las referencias realizadas a los juzgados unipersonales se entenderán hechas a las secciones del orden jurisdiccional correspondiente de los tribunales de instancia. En este caso, el artículo 89 bis.5 b) LOPJ atribuye la competencia para conocer del delito de impago a la Sección de Instrucción o a la Sección de Violencia contra la Infancia y Adolescencia, en caso de existir.

(2) Tras la introducción en la LECrim del nuevo art. 258bis a través del Real Decreto-ley 6/2023, de 19 de diciembre, las actuaciones procesales se realizarán preferentemente, salvo que el juez o jueza o tribunal, en atención a las circunstancias, disponga otra cosa mediante presencia telemática, incluyendo las que se celebren ante los/las letrados/as de la Administración de Justicia o ante el Ministerio fiscal. En las citaciones se informará de la posibilidad de declarar de forma telemática en las condiciones establecidas en el citado precepto. Esta reforma entrará en vigor el 20 de marzo de 2024, hasta ese momento el art. 258bis LECrim no se aplicará.

(3) De acuerdo con el nuevo art. 258bis LECrim «2. (...) será necesaria la presencia física del acusado en la sede del órgano judicial de enjuiciamiento en los juicios por delito grave y juicios de Tribunal de Jurado, sin perjuicio de lo previsto en los tratados internacionales en los que España sea parte, las normas de la Unión Europea y demás normativa aplicable a la cooperación con autoridades extranjeras para el desempeño de la función jurisdiccional.
En los juicios por delito menos grave, cuando la pena exceda de dos años de prisión o, si fuera de distinta naturaleza, cuando su duración no exceda de seis años, el acusado comparecerá físicamente ante la sede del órgano de enjuiciamiento si así lo solicita este o su letrado, o si el órgano judicial lo estima necesario. La decisión deberá adoptarse en auto motivado.
En el resto de juicios, cuando el acusado comparezca, lo hará físicamente ante la sede del órgano de enjuiciamiento si así lo solicita él o su letrado, o si el órgano judicial lo estima necesario. La decisión deberá adoptarse en auto motivado.
En todo caso, en los procesos y juicios, cuando el acusado resida en la misma demarcación del órgano judicial que conozca o deba conocer de la causa, su comparecencia en juicio deberá realizarse de manera física en la sede del órgano judicial o enjuiciamiento, salvo que concurran causas justificadas o de fuerza mayor.
Cuando se disponga la presencia física del investigado o acusado, será también necesaria la presencia física de su defensa letrada. Cuando se permita su declaración telemática, el abogado del investigado o acusado comparecerá junto con este o en la sede del órgano judicial. Cuando el acusado decida no comparecer en la sede del órgano judicial, deberá notificarlo con, al menos, cinco días de antelación».

Querella por delito de impago de pensión de alimentos

A TENER EN CUENTA. Por la reforma realizada por la LO 1/2025, de 2 de enero, una vez implantados de forma efectiva los tribunales de instancia (D.T. 1.ª), todas las referencias realizadas a los juzgados unipersonales se entenderán realizadas a las secciones del orden jurisdiccional correspondiente de los tribunales de instancia. En este caso, el art. 88 de la LOPJ atribuye esta materia a la Sección de Instrucción.

AL JUZGADO DE INSTRUCCIÓN NÚMERO [NUMERO] **DE** [LOCALIDAD]**/SECCIÓN DE INSTRUCCIÓN DEL TRIBUNAL DE INSTANCIA DE** [ESPECIFICAR] **(3)**

Don/Doña [NOMBRE_PROCURADOR], Procurador de los Tribunales, en nombre y representación de Don/Doña [NOMBRE_CLIENTE], según acredito mediante poder especial que acompaño (Doc. N.º 1) y en el que constan sus datos personales, ante el juzgado/la sección comparezco con la asistencia letrada de Don/Doña [NOMBRE_ABOGADO_CLIENTE] y como mejor proceda en Derecho, **DIGO:**

Que mediante el presente escrito y de conformidad con el artículo 270 y siguientes de la Ley de Enjuiciamiento Criminal, en relación con los artículos 100 y 101 del mismo cuerpo legal, formulo **QUERELLA POR DELITO DE IMPAGO DE LA PENSIÓN DE ALIMENTOS** del artículo 227 del Código Penal. En cumplimiento de lo exigido por el artículo 277 de la Ley de Enjuiciamiento Criminal hacemos constar los siguientes datos;

I.- COMPETENCIA JUDICIAL

La presente querella se interpone ante la sección de instrucción del tribunal de instancia [NOMBRE DE LA SECCIÓN A LA QUE SE INTERPONE] que por turno corresponda, por haberse cometido los hechos que constituyen el objeto del presente proceso penal dentro del término municipal de [MUNICIPIO] perteneciente a este partido judicial, por lo que resulta atribuida la competencia territorial a las secciones de instrucción de este partido judicial, de conformidad con lo establecido en el artículo 14.2 de la Ley de Enjuiciamiento Criminal.

II.- DEL QUERELLANTE

La persona perjudicada por los hechos objeto de la presente querella, y, por tanto, la parte querellante es Don/Doña [NOMBRE_CLIENTE], vecino de [LUGAR] quien ostenta la capacidad legal para ser parte acusadora en el proceso pena , en representación de su hijos/s menores [NOMBRE]

Al ser el querellante el ofendido, con arreglo a lo establecido en los artículos 280 y 281 de la LECRIM queda exento de la obligación de prestar fianza.

III.- DEL QUERELLADO

DON [NOMBRE_QUERELLADO] mayor de edad, con domicilio en [MUNICIPIO_DIRECCION] y titular del Documento Nacional de Identidad [Nº_DNI] en concepto de autor de los hechos que más adelante se detallan.

(Según el art. 277 de la LECrim. En caso de no tener constancia de los datos personales del querellado, se deberá hacer la designación del querellado por las señas que mejor pudieran darle a conocer)

IV.- RELACIÓN DE LOS HECHOS

Los hechos que motivan la querella y que presentan caracteres delictivos son los siguientes:

PRIMERO.- Mi representada y el querellado Don/Doña [NOMBRE] contrajeron matrimonio civil/canónico en [LUGAR], el día [FECHA] y consta inscrito en el Registro Civil de [LOCALIDAD], tomo [NUMERO], y pagina [NUMERO]. Se acompaña como documento n.º [NUMERO]certificado acreditativo de dicho extremo.

SEGUNDO.- De dicho matrimonio, nacieron [NUMERO] hijos, en fecha [FECHA]. Inscrito en el Registro Civil de [LOCALIDAD], [ESPECIFICAR]. Se acompaña como documento n.º [NUMERO] certificado acreditativo de dicho extremo, y como Documento n.º [NUMERO] copia del libro de familia.

TERCERO.- Mediante demanda de divorcio presentada en los Juzgados de esta localidad, se tramito procedimiento con numero [NUMERO], ante el Juzgado de 1.º Instancia [NUMERO] que decreto el divorcio/separación mediante sentencia de fecha [FECHA SENTENCIA] y en la que se establecieron las siguientes obligaciones alimenticias.

Don/Doña [NOMBRE] deberá satisfacer en concepto de alimentos a favor de su hijo/s [NOMBRES] la cantidad de [CANTIDAD] euros, dentro de los cinco primeros días del mes, y actualizable anualmente según el IPC que señale el Instituto de Estadística u organismo que lo sustituya, pagadero en el siguiente n.º de cuenta [NUMERO]

CUARTO.- Desde la firmeza de la mencionada sentencia el denunciado ha abonado en este concepto la cantidad de [EUROS] correspondiente a las pensiones de los meses de [ESPECIFICAR] a [ESPECIFICAR]. Se adjunta como documento n.º [NUMERO]acreditativo de este extremo, los movimientos de ingreso en la cuenta de mi mandante.

QUINTO.- Don/Doña [NOMBRE_DENUNCIADO] ha dejado de satisfacer pensiones de alimentos desde la fecha [FECHA] ascendiendo la cantidad adeudada a [CANTIDAD] euros. Se adjunta como documento n.º [NUMERO] acreditativo de este extremo, los movimientos de ingreso en la cuenta de mi mandante.

En virtud de la obligación de actualización de la pensión acorde al IPC la pensión se debería haber incrementado un % resultado una mensualidad de [IMPORTE_EUROS]

En consecuencia la cantidad total adeuda en concepto de pensión de alimentos asciende a [CANTIDAD] euros.

SEXTO.- Ante el impago de estas pensiones, y habiendo intentado una resolución extrajudicial mediante el envió de dos Burofax, documentos n.º [ESPECIFICAR] y n.º [ESPECIFICAR], y acuses de recibo positivo de fechas [FECHAS] mi mandante, a través de este letrado, interpone la presente querella dirigida a conseguir la satisfacción del crédito.

V.- TESTIGOS DE LOS HECHOS

[DESCRIPCION] (1)

- D./D.ª [NOMBRE _TESTIGO] padre/madre de mi representada, quien está sufragando los gastos que corresponden al querellado, y en beneficio de su hija y sus nietos.

VI.- DILIGENICAS A PRACTICAR

Para la comprobación de los hechos que se manifiestan se requieren las siguientes Diligencias.

- Declaración del querellado que serán citados en [NOMBRE Y DIRECCION]
- Documental, consistente en aportación de los movimientos bancarios de la cuenta de mi representada.
- Documental consistente en los pagos realizados por el padre de mi representada D./D.ª [NOMRE_PADRE] para acreditar la ayuda económica prestada ante el incumplimiento del querellado.
- Testificales de D./ D.ª [NOMBRE] con domicilio a efecto de citaciones sito en [DIRECCIÓN]
- Se libre atento oficio a la entidad bancaria [NOMBRE_BANCO] para que emita certificado sobre las cuentas de mi mandante de los ingresos recibidos por el querellado desde la fecha en que la sentencia fue firme hasta el día de la interposición de la presente querella.

Interesamos la práctica de las anteriores diligencias según lo establecido en el art. 258 bis LECrim en relación con la celebración de los actos procesales mediante presencia telemática (2) [ESPECIFICAR]

Según el citado art. 258 bis de la LECrim:

«1. Constituido el órgano judicial en su sede, los actos de juicio, vistas, audiencias, comparecencias, declaraciones y, en general, todas las actuaciones procesales, se realizarán preferentemente, salvo que el juez o jueza o tribunal, en atención a las circunstancias, disponga otra cosa, mediante presencia telemática, siempre que las oficinas judiciales o fiscales tengan a su disposición los medios técnicos necesarios para ello, con las especialidades previstas en los artículos 325, 731 bis y 306 de la Ley de Enjuiciamiento Criminal, de conformidad con lo dispuesto en el apartado 3 del artículo 229 y artículo 230 de la Ley Orgánica del Poder Judicial, y supletoriamente por lo dispuesto en la el artículo 137 bis de la Ley 1/2000, de 7 de enero, de Enjuiciamiento Civil. La intervención mediante presencia telemática se practicará siempre a través de punto de acceso seguro, de conformidad con la normativa que regule el uso de la tecnología en la Administración de Justicia.

2. No obstante lo dispuesto en el apartado anterior, será necesaria la presencia física del acusado en la sede del órgano judicial de enjuiciamiento en los juicios por delito grave y juicios de Tribunal de Jurado, sin perjuicio de lo previsto en los tratados internacionales en los que España sea parte, las normas de la Unión Europea y demás normativa aplicable a la cooperación con autoridades extranjeras para el desempeño de la función jurisdiccional.

En los juicios por delito menos grave, cuando la pena exceda de dos años de prisión o, si fuera de distinta naturaleza, cuando su duración no exceda de seis años, el acusado comparecerá físicamente ante la sede del órgano de enjuiciamiento si así lo solicita este o su letrado, o si el órgano judicial lo estima necesario. La decisión deberá adoptarse en auto motivado.

En el resto de juicios, cuando el acusado comparezca, lo hará físicamente ante la sede del órgano de enjuiciamiento si así lo solicita él o su letrado, o si el órgano judicial lo estima necesario. La decisión deberá adoptarse en auto motivado.

En todo caso, en los procesos y juicios, cuando el acusado resida en la misma demarcación del órgano judicial que conozca o deba conocer de la causa, su comparecencia en juicio deberá realizarse de manera física en la sede del órgano judicial o enjuiciamiento, salvo que concurran causas justificadas o de fuerza mayor.

Cuando se disponga la presencia física del investigado o acusado, será también necesaria la presencia física de su defensa letrada. Cuando se permita su declaración telemática, el abogado del investigado o acusado comparecerá junto con este o en la sede del órgano judicial.

Cuando el acusado decida no comparecer en la sede del órgano judicial, deberá notificarlo con, al menos, cinco días de antelación.

3. Se garantizará especialmente que las declaraciones o interrogatorios de las partes acusadoras, testigos o peritos se realicen de forma telemática en los siguientes supuestos, salvo que el Juez o Tribunal, mediante resolución motivada, en atención a las circunstancias del caso concreto, estime necesaria su presencia física:

a) Cuando sean víctimas de violencia de género, de violencia sexual, de trata de seres humanos o cuando sean víctimas menores de edad o con discapacidad. Todas ellas podrán intervenir desde los lugares donde se encuentren recibiendo oficialmente asistencia, atención, asesoramiento o protección, o desde cualquier otro lugar, siempre que dispongan de medios suficientes para asegurar su identidad y las adecuadas condiciones de la intervención.

b) Cuando el testigo o perito comparezca en su condición de Autoridad o funcionario público, realizando entonces su intervención desde un punto de acceso seguro.

4. Lo dispuesto en este artículo será de aplicación igualmente a las actuaciones que se celebren ante los letrados o letradas de la Administración de Justicia o ante el Ministerio fiscal (...)».

Por todo lo expuesto,

SUPLICO AL JUZGADO/A LA SECCIÓN:

Teniendo por presentado este escrito, con sus copias y documentos que se acompañan, se admita y se acuerde tener por formulada QUERELLA por D./D.ª [NOMBRE_CLIENTE] en concepto de Acusación Particular, contra D./D.ª [NOMBRE_PARTECONTRARIA] por un presunto DELITO DE IMPAGO EN LAS PENSIONES DE ALIMENTOS tipificado en el artículo 227 del Código Penal, con el fin de que se acuerde incoar las diligencias oportunas, se cite a los implicados y a los testigos al juicio verbal y, en su caso, se practiquen el resto de diligencias interesadas de [DESCRIPCION] adoptándose las medidas personales de detención y prisión del presunto culpable o la exigencia de fianza de libertad provisional y se acuerde el embargo de sus bienes en la cantidad necesaria en los casos en que así proceda.

En [CIUDAD] a [DIA] de [MES] de [AÑO].

LETRADO D./D.ª [NOMBRE]

PROCURADOR D./D.ª [NOMBRE]

QUERELLANTE D./D.ª [NOMBRE]

---

(1) Señalar si existieron testigos indicando nombre, dirección y cuantos datos sean necesarios para identificarlos.

(2) Tras la introducción en la LECrim del nuevo art. 258 bis a través del Real Decreto-ley 6/2023, de 19 de diciembre, las actuaciones procesales se realizarán preferentemente, salvo que el juez o jueza o tribunal, en atención a las circunstancias, disponga otra cosa, mediante pre-

sencia telemática, incluyendo las que se celebren ante los/las letrados/as de la Administración de Justicia o ante el Ministerio fiscal. En las citaciones se informará de la posibilidad de declarar de forma telemática en las condiciones establecidas en el citado precepto. Esta reforma entrará en vigor el 20 de marzo de 2024, hasta ese momento el art. 258bis LECrim no se aplicará.

(3) Por la reforma realizada por la LO 1/2025, de 2 de enero, una vez implantados de forma efectiva los tribunales de instancia (D.T. 1.ª), todas las referencias realizadas a los juzgados unipersonales se entenderán realizadas a las secciones del orden jurisdiccional correspondiente de los tribunales de instancia. En este caso, el art. 88 de la LOPJ atribuye esta materia a la Sección de Instrucción.

Denuncia por delito de abandono de familia

A TENER EN CUENTA. Por la reforma operada por la LO 1/2025, de 2 de enero, una vez implantados de forma efectiva los tribunales de instancia (D.T. 1.ª), todas las referencias realizadas a los juzgados unipersonales se entenderán hechas a las secciones del orden jurisdiccional correspondiente de los tribunales de instancia. En este caso, el art. 88 de la LOPJ atribuye esta materia a la sección de instrucción o sección única, salvo cuando la instrucción sea competencia de las Secciones de Violencia sobre la Mujer o de la Sección de Violencia contra la Infancia y la Adolescencia *ex* arts. 89.5.b) y 89 bis.5 b), respectivamente.

AL JUZGADO DE INSTRUCCIÓN/ A LA SECCIÓN DE INSTRUCCIÓN DEL TRIBUNAL DE INSTANCIA DE [LOCALIDAD] (1)

D./D.ª [NOMBRE_PROCURADOR_CLIENTE], Procurador/a de los Tribunales, en nombre y representación de D./D.ª [NOMBRE_CLIENTE], con domicilio en esta ciudad [DOMICILIO_CLIENTE], y provisto/a de DNI número [DNI_CLIENTE] lo que acredito mediante escritura de poder general para pleitos, para su unión a los autos por copia testimoniada con devolución de aquélla, previo testimonio en autos. con la asistencia del/de la Letrado/a D./D.ª [NOMBRE_ABOGADO_CLIENTE], con n.º de colegiado/a [NUMEROCOLEGIADO_ABOGADO_CLIENTE] como más procedente sea en Derecho ante el Juzgado / la Sección comparezco y **DIGO:**

Que por medio del presente escrito y de conformidad con el artículo 265 de la Ley de Enjuiciamiento Criminal, vengo a formular DENUNCIA contra D./D.ª [NOMBRE_PARTE-CONTRARIA], con DNI [DNI_PARTECONTRARIA] y domicilio a efectos de notificaciones [DOMICILIO_PARTE_CONTRARIA], por un **DELITO DE ABANDONO DE FAMILIA** previsto y penado en el artículo 226 del Código Penal, y todo ello con base en los siguientes

HECHOS

PRIMERO.- Mi representado/a y el/la denunciado/a D./D.ª [NOMBRE_DENUNCIA-DO] contrajeron matrimonio en [LUGAR], el día [FECHA] y consta inscrito en el Registro Civil de [LOCALIDAD], tomo [NUMERO], y pagina [NUMERO]. Se acompaña como documento n.º [NUMERO] certificado acreditativo de dicho extremo.

SEGUNDO.- De dicho matrimonio, nacieron [NUMERO] hijos:

- [NOMBRE], nacido/a en [FECHA_NACIMIENTO], inscrito en el Registro Civil de [LOCALIDAD], en el tomo [NÚMERO], página [NÚMERO].
- [NOMBRE], nacido/a en [FECHA_NACIMIENTO], inscrito en el Registro Civil de [LOCALIDAD], en el tomo [NÚMERO], página [NÚMERO].
- [NOMBRE], nacido/a en [FECHA_NACIMIENTO], inscrito en el Registro Civil de [LOCALIDAD], en el tomo [NÚMERO], página [NÚMERO].
- (...)

Se acompañan al documento n.º [NUMERO] certificados acreditativos de dichos extremos, y al Documento n.º [NUMERO] copia del libro de familia.

TERCERO.- De las divergencias producidas en dicho matrimonio ambos cónyuges plantearon la idea de divorciarse y presentar demanda de mutuo acuerdo.

CUARTO.- Desde el pasado [FECHA] hasta el momento en que se interpone la presente denuncia, D./D.ª [NOMBRE_DENUNCIADO] se halla ausente del domicilio familiar, sin dejar información alguna de su paradero, y habiendo abandonado toda obligación para con sus hijos y el mantenimiento de las cargas familiares, es mi representado/a quien se está haciendo cargo plenamente de las mismas.

QUINTO.- Ante el abandono del domicilio familiar de D./D.ª [NOMBRE_DENUNCIA-DO], mi mandante ha tratado de contactar con él/ella tanto en su lugar de trabajo como a través de dos Burofax. Adjuntamos copia de los mismos y de sus acuses de recibo como documento n.º [NUMERO].

Ante la imposibilidad de localizar a D./D.ª [NOMBRE_DENUNCIADO], este/a letrado/a interpone por cuenta de D./D.ª [NOMBRE_CLIENTE] la presente denuncia dirigida a una regularización de la situación descrita.

A los anteriores hechos resultan de aplicación los siguientes

FUNDAMENTOS DE DERECHO

Los citados hechos pueden ser constitutivos de delito tipificado en el artículo 226 del Código Penal, del delito de **ABANDONO DE FAMILIA,** por incumplimiento de los deberes legales de asistencia inherentes a la patria potestad, tutela, guarda o acogimiento familiar o de prestar la asistencia necesaria legalmente establecida para el sustento de sus descendientes.

Por lo expuesto,

SUPLICO:

Tenga por presentado este escrito con sus copias y documentos que lo acompañan, se sirva admitir la presente DENUNCIA y acordar la tramitación de la misma con la mayor urgencia, así como investigar los hechos denunciados con el fin de esclarecer la eventual responsabilidad penal que pueda derivarse de los mismos.

En [LOCALIDAD] a [DÍA] de [MES] de [AÑO].

Fdo.: [FIRMA]

(1) Por la reforma operada por la LO 1/2025, de 2 de enero, una vez implantados de forma efectiva los tribunales de instancia (D.T. 1.ª), todas las referencias realizadas a los juzgados unipersonales se entenderán hechas a las secciones del orden jurisdiccional correspondiente de los tribunales de instancia. En este caso, el art. 88 de la LOPJ atribuye esta materia a la sección de instrucción o sección única, excepto cuando la instrucción sea competencia de las Secciones de Violencia sobre la Mujer o de la Sección de Violencia contra la Infancia y la Adolescencia, ex arts. 89.5.b) y 89 bis.5 b), respectivamente.

Denuncia por un delito de quebrantamiento de los deberes de custodia

> **A TENER EN CUENTA**. Por la reforma operada por la LO 1/2025, de 2 de enero, una vez implantados de forma efectiva los tribunales de instancia (D.T. 1.ª), todas las referencias realizadas a los juzgados unipersonales se entenderán hechas a las secciones del orden jurisdiccional correspondiente de los tribunales de instancia. El art. 89 bis.5.b) de la LOPJ atribuye Sección de Violencia contra la Infancia y la Adolescencia la instrucción de los delitos contra las relaciones familiares cuando la víctima sea niño, niña o adolescente.

AL JUZGADO DE INSTRUCCIÓN / A LA SECCIÓN DE VIOLENCIA CONTRA LA INFANCIA Y LA ADOLESCENCIA DE [LOCALIDAD] (1)

D./D.ª [NOMBRE_CLIENTE], mayor de edad, con [DOMICILIO_CLIENTE] y domicilio a efectos de notificaciones en [LUGAR], ante el Juzgado / la Sección comparezco y como mejor proceda en Derecho, **DIGO:**

Que, por medio del presente escrito, y con base en los artículos 259 a 269 de la LECrim, procedo a formular **DENUNCIA** por un **DELITO DE QUEBRANTAMIENTO DE LOS DEBERES DE CUSTODIA** contra SECCIÓN DE VIOLENCIA CONTRA LA INFANCIA Y LA ADOLESCENCIA [NOMBRE_PARTECONTRARIA], con NIF NUMERO] y domicilio en [DOMICILIO_PARTECONTRARIA], y todo ello con base a los siguientes

HECHOS

PRIMERO.- Con fecha [DIA] [MES] [AÑO] la menor fue entregada a NOMBRE_PARTECONTRARIA en régimen de acogimiento familiar en virtud de resolución de fecha [FECHA], que adjuntamos como documento n.º [NUMERO].

SEGUNDO.- Por resolución judicial de fecha [FECHA] se obligaba a los guardadores del menor a restituirlo a mis mandantes, padres del pequeño, en fecha [FECHA].

Los denunciados han incumplido esta obligación.

TERCERO.- Que, los hechos anteriormente expuestos son constitutivos de un delito de quebrantamiento de los deberes de custodia tipificado en el artículo 223 del Código Penal, cuyo tenor literal establece que: «El que, teniendo a su cargo la custodia de un menor de edad o una persona con discapacidad necesitada de especial protección, no lo presentare a sus padres o guardadores sin justificación para ello, cuando fuere requerido por ellos, será castigado con la pena de prisión de seis meses a dos años, sin perjuicio de que los hechos constituyan otro delito más grave».

Por lo expuesto,

SUPLICO:

Que teniendo por presentado este escrito, con sus copias y documentos que lo acompaña, se sirva admitirlo y previos los trámites legales oportunos, se acuerde la tramitación de la misma con la mayor urgencia, así como investigar los hechos denunciados con el fin de esclarecer la eventual responsabilidad penal que pueda derivarse de los mismos.

En [LOCALIDAD] a [DIA] de [MES] de [AÑO]

Fdo:

---

(1) Por la reforma operada por la LO 1/2025, de 2 de enero, una vez implantados de forma efectiva los tribunales de instancia (D.T. 1.ª), todas las referencias realizadas a los juzgados unipersonales se entenderán hechas a las secciones del orden jurisdiccional correspondiente de los tribunales de instancia. El art. 89 bis.5.b) de la LOPJ atribuye a la Sección de Violencia contra la Infancia y la Adolescencia la instrucción de los delitos contra las relaciones familiares cuando la víctima sea niño, niña o adolescente.